**교회건설매뉴얼
5**

은퇴 매뉴얼

교회건설매뉴얼 5
은퇴 매뉴얼

초판 1쇄 인쇄 2025년 4월 10일
초판 1쇄 발행 2025년 4월 15일

지은이 | 임경근 손재익 안재경 성희찬
펴낸이 | 안재경
펴낸곳 | 교회건설연구소

등 록 | 제 2023-000211호
주 소 | 서울특별시 서초구 서운로11길 7, 서초동교회 지하1층(서초동)
전 화 | 02-3474-6603
이메일 | andrewjk@hanmail.net

디자인 | 참디자인

ISBN 979-11-985485-4-2 (03230)

* 이 책은 신저작권법에 의하여 국내에서 보호를 받는 저작물입니다.
  출판사와의 협의 없는 무단 전재와 무단 복제를 엄격히 금합니다.
* 책값은 뒤표지에 있습니다.
* 잘못된 책은 교환하여 드립니다.

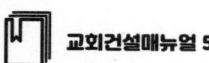
교회건설매뉴얼 5

은퇴 매뉴얼

임경근 손재익 안재경 성희찬 지음

교회건설연구소

• 이 매뉴얼은 좋은나무교회(이성만 장로)의 후원으로 만들어졌습니다.

차례

머리말 _ 7

1장 **목사 은퇴의 의미** _ 11
2장 **은퇴목사의 신분과 권한** _ 21
3장 **은퇴 전후의 변화** _ 23
4장 **은퇴 관련해서 일어나는 현실과 문제** _ 27
5장 **교회의 준비** _ 31
6장 **경제적 준비** _ 37
7장 **은퇴 이후 어떻게 살 것인가? (1)** _ 43
8장 **은퇴 이후 어떻게 살 것인가? (2)** _ 51

부록
1. FAQ _ 54
2. 타임테이블 _ 58
3. 은퇴 관련 문서 _ 60
4. 은퇴목사의 삶 _ 68
5. 외국교회의 은퇴제도와 은퇴목사의 삶 _ 80
6. 은퇴목사에 대한 교회의 예우 사례 _ 99
7. 은목교회에 대해 _ 102

머리말

　교회건설연구소가 발간하는 이 책 『은퇴 매뉴얼』은 지난해 발간한 『청빙 매뉴얼』과 짝을 이룹니다. 목사는 청빙으로 부름받아 교회를 위해 봉사하다가 은퇴로 그 직무를 내려놓습니다. 목사의 시작이 청빙이고, 끝이 은퇴입니다. 목사에게 은퇴는 청빙과 더불어 영광스러운 순간입니다. 모든 사역을 내려놓기에 아쉬움도 많겠지만 지금까지 그 직을 잘 감당하였습니다. 이제 하나님께서 말씀과 목회 사역의 무거운 짐을 내려놓게 하십니다.

　은퇴가 있음은 하나님께서 새로운 말씀 사역자를 세우시기에 가능합니다. 유럽교회에는 이어받아 말씀을 선포할 사역자가 없어서 은퇴를 계속 미루어야만 하는 경우가 많습니다. 이런 현실에서 은퇴하는 사역자의 뒤를 이을 젊은 사역자가 기다리고 있는 것이야말로 큰 복이고, 감사할 일이 아닐 수 없습니다.

요즘 많은 교회들에서 목사가 은퇴하는 과정에 큰 어려움에 휘말리는 경우가 있습니다. 교회가 목사의 은퇴를 미리 준비하지 않았기에 발생하는 문제입니다. 목사가 알아서 자신의 노후를 준비해야 한다고 생각하기도 합니다. 목사는 다른 일을 하지 않고 전적으로 헌신하여 목회했기에 노후준비가 안 되어 있는 경우가 대부분인데 말입니다.

결국에는 돈 문제가 아니냐는 말이 있습니다. 얼마 준다, 얼마 요구한다는 문제로 목사가 은퇴하는 순간에 교회와 크게 다투고 평생의 목회가 한순간에 물거품으로 돌아가기도 합니다. 교회마다 형편이 너무 다르기에 동일한 잣대를 댈 수 없습니다. 교회가 은퇴하는 목사를 위해 주택을 마련하는 것은 꿈도 꾸지 못할 뿐만 아니라 최소한의 생활비를 지급하는 것도 힘든 현실입니다.

본 매뉴얼은 목회자의 은퇴를 위해 교회가 미리 '은퇴준비위원회'를 구성할 것을 제안합니다. 미리 준비하려고 해도 전혀 여력이 없는 교회가 많겠지만, 교회형편에 맞게 목사의 은퇴를 미리 준비하는 것이 좋겠습니다. 교회에만 맡길 것이 아니라 목사 개인도 은퇴를 위해 재정적인 준비를 해야 하고, 교단이 공교회적 차원에서 은퇴 목회자의 생활을 지지할 길을 찾아야 합니다.

   예전처럼 이번 『은퇴 매뉴얼』 집필을 위해 본 연구소 연구위원들(성희찬, 임경근, 안재경, 손재익 목사)께서 애를 많이 썼습니다. 어디에서도 은퇴 문제를 공개적으로 다룬 적이 거의 없는 상황에서 너무나 막막한 내용을 정리하기 위해 애를 썼습니다. 교회현실과 은퇴 이후의 삶까지 살피면서 각자 맡은 부분의 원고를 작성해 주셨고, 함께 모여 숙박하면서 독회하고 세심하게 다듬었습니다. 감사를 드립니다. 수고에도 불구하고 원론적인 이야기로밖에 보이지 않을지 모르겠습니다. 모쪼록 이 책을 통해 평생 목회하고 영예롭게 은퇴하는 목사의 생활을 지지해 줄 수 있는 길을 찾기를 바랍니다. 마지막으로 이 책의 출판비를 후원해 주신 이성만 장로(좋은나무교회)께 깊은 감사를 드립니다.

2025년 4월
교회건설연구소장

1장
목사 은퇴의 의미

1. 목사 은퇴의 의미

은퇴(隱退) 혹은 퇴직(退職)이란 맡은 직임에서 물러난다는 뜻이다. 일정한 나이에 도달했거나 특수한 사정이 있을 때 그 일에서 물러나는 것을 말한다.

목사 은퇴란 목사직에서 물러나는 것이다. 목사직을 수행하기 어려운 일정한 나이에 도달했을 때, 목사직에서 벗어나는 것이다. 목사로서 전담하던 예배 인도, 말씀 봉사, 성례 집례, 교회 치리, 교인 목양의 직무에서 떠나는 일이다. 치리회원으로서 말씀과 권징으로 천국 열쇠권을 수행하던 일에서 물러나는 일이다(웨스트민스터 신앙고백서 30장 2절; 하이델베르크 교리문답 83-85문).

목사로 세움 받는 것은 교회의 머리이신 예수님이 치리회에 허락하신 권세를 통해(마 18:18) 치리회의 안수를 받아 위임받는 것이다(딤전 4:14). 교회는 그리스도로부터 천국 열쇠의 권한을 받아서(마 16:19) 치리회를 통해 직분자에게 부여한다(딤전 4:14). 목사직의 은퇴란 교회의 머리이신 예수님이 치리회에 허락하신 권세를 통해, 치리회로부터 그 직분을 거두어 가시는 일이다. 위임자이신 그리스도께서 적절한 시기에 이를 환수하고 다른 이에게 위임하신다.

은퇴한 목사는 직분과 직무에서 떠나지만, 새로운 목사를 통해 그 직무가 계속 이어진다. 목사가 은퇴하면 다른 직분자를 통해 그 권한이 계속 이어진다. 교회의 머리이신 예수님은 그렇게 자기 교회를 다스리고 세우신다(엡 4:11-12).

목사는 목사의 직분을 수행할 때 목사다. 개혁주의 직분관에서 직분은 직무와 연결된다. 직분은 직무를 위해 세워지며, 직분자는 직무를 행할 사람을 세운다. 그렇기에 직무를 수행하지 않는 직분자는 없으며, 직무를 수행할 때 비로소 직분자다. 직분은 명예나 자리가 아닌 섬김과 봉사다. 종교개혁자 마르틴 루터는 "하나님의 말씀을 설교하지 않는 사람은 사제도 아니며, 성직자도 아니다."라고 했다. 그렇기에 엄밀한 의미에서 목사가 은퇴하면 목사직을 벗고 원래의 자리인 교인으로 돌아간다. 목사는 교인으로 살다가 목사로 부름 받았다. 목사가 된

순간부터도 교인임은 여전했다. 교인이면서 동시에 목사로 살았다. 은퇴를 통해서는 목사의 직무를 벗고 다시 교인만의 자리로 돌아간다. 그렇게 남은 인생을 살다가 별세하면, 천국에서 하나님 나라 백성으로 다른 교인과 동일한 삶을 살게 된다. 은퇴 전 시무 중에 별세하였을 경우, 죽음과 동시에 목사의 직을 마치고 천국에서 하나님 나라 백성으로 다른 교인과 동일한 삶을 살게 된다. 천국에서는 목사는 물론 어떤 직분도 없다.

원리적으로는 위와 같다. 하지만, 은퇴목사의 신분, 지위, 역할을 다룬 다음 장에서 좀 더 구체적으로 다루려고 한다. 참고로 도르트 교회질서 제13조는 목사 은퇴 후에도 말씀 봉사자의 영예와 호칭을 유지하도록 하였다.

2. 은퇴 정년을 정하는 이유

어느 나이에 이르면 은퇴할지를 정한 것을 정년(停年)이라고 한다. 목사의 은퇴 정년은 몇 세로 정해야 할까?

과거에는 정년은 물론이고 은퇴도 없었다. 인간 수명이 길지 않았기 때문이다. 은퇴할 만한 나이에 도달하기 전에 별세한 경우가 대부분이었다. 의학이 발달하기 전까지 많은 이들은 환갑이라고 하는 60세에 이르는 일조차 경사스러운 일이었다. 루터는 63세에 별세했으며, 칼뱅은 55세에 하나님의 품에 안겼다. 일반 직업의 경우도 대부분 국가에서 퇴직 개념은 19세기 말과 20세기 초에 도입되었다. 그전에는 낮은 기대수명 등으로 인해 대부분 죽을 때까지 일을 계속했다.

교회가 목사 은퇴 정년을 정한 것도 그리 오래되지 않았다. 과거에 목사는 특별한 이유가 없으면 담임한 교회를 종신토록 시무했다. 하지만 상황이 변하여 예장 고신의 경우 1960년대 말에 만 70세로 정했다. 그렇게 정한 나이인 만 70세는 지금까지 계속 이어지고 있다. 예장 통합의 경우 1969년, 예장 합동은 1991년에 시행했다. 외국교회도 마찬가지다. 네덜란드 개혁교회, 미국장로교회(PCA), 미국장로교회(PCUSA), 스코틀랜드 장로교회 등이 목사의 은퇴 정년을 두고 있다. 미국개혁교회(CRC), 미국정통장로교회(OPC), 캐나다 개혁교회에는 대개 60세에서 70세에 은퇴하지만 명시적인 정년제도가 없다.

목사의 은퇴 정년을 두고 정하는 것은 성경과 교회 역사가 아닌 건강수명, 육체적 건강, 정신적 건강, 목사 수급 등을 고려해 결정한다. 혹자는 성경에는 목사의 은퇴 정년이 없으니 정년제는 비성경적이라고 주장한다. 하지만 그런 주장은 바람직하지 않다. 성경은 모든 것을 다루지 않는다. 그렇기에 성경은 목사의 무흠 기간을 언급하지 않는다. 목사가 되기 위해서 신학대학원을 나와야 한다는 말도 없다. 강도사 수련 기간을 언급하지 않으며, 목사고시도 성경에 없다. 그럼에도 그런 자격을 두어 제한하는 것은 성경의 특정 본문 때문이 아니라 성경

전체의 가르침과 원리를 적용한 것이며, 하나님께서 주신 신자의 분별력에 근거한다(웨스트민스터 신앙고백서 1장 6절). 뿐만 아니라 성경에 의하면 레위인의 성막 복무 기간은 25세 이상부터 50세까지로 정해 두었다 (민 8:24-26; 참조. 민 4:3, 23, 30, 35, 43, 47).

목사의 임직 나이나 은퇴 정년을 정하는 것은 합리적이다. 목사직은 너무 젊어도 수행할 수 없고, 너무 늙어도 수행하기 어렵다. 목사의 임무는 막중하다. 말씀 봉사를 위해서는 고도의 정신노동이 요구된다. 치리회원으로서 어떤 결정을 할 때 판단력이 요구된다. 그 외에 목사로서 수행해야 하는 많은 직무는 정신 건강은 물론 육체 건강이 뒤따라야 한다. 노령에 이르면 기력이 쇠하며 판단이 흐려진다(창 27:1).

교단 내 목사 수급 상황을 고려하는 것도 합리적이다. 나이 많은 목사들이 적절한 나이에 은퇴하여 젊은 목사들에게 목회할 기회를 주는 것은 젊은 목사만 아니라 교회 공동체에도 유익을 준다. 1990년대 초까지만 하더라도 30대에 담임목사가 될 수 있었으나, 50대가 되어도 담임목사가 되기 힘든 상황은 미래교회에 큰 부담이다.

정년 제도는 목사와 교인 모두에게 유익하다. 목사는 적절한 나이에 은퇴하여 목사직의 막중한 사명에서 벗어나 쉬면서 남은 인생을 보낼 수 있다. 교인은 목사가 노쇠하여 마음에 들지 않더라도 정년까지 참고 기다리며 다음 세대로 이어질 목사와 미래에 대한 소망을 가진다. 정해진 기한이 있다는 것은 목사와 교인 모두에게 유익하다. 만약 은퇴제도가 없다면, 수명이 100세에 이르는 시대에 교인들은 고령의 목사가 수행하는 직무에 불만을 가질 것이고 결국은 인내하지 못하고 젊은 목사가 목회하는 교회로 이동하게 될 것이다. 그러한 일이 다발적으로 발생할 때 교회의 혼란으로 이어질 수 있다.

3. 은퇴 정년의 적절한 나이

2025년 현재 대부분 교단(고신, 합동, 합신, 통합) 목사의 은퇴 정년은 만 70세다. 예장 백석은 만 75세이고, 성공회는 65세다. 참고로, 천주교 사제의 정년은 만 75세인데, 대개 70세 정도에 스스로 은퇴한다.

정년은 평균적인 건강수명, 기대수명, 사회적 변화 등을 계산하여 정하는 것이 가장 적합하다. 또는 교회 공동체 전체의 유익과 미래 목사의 수급 상황 등을 고려하여 조정할 수 있다. 이때 한 번 정한 것을 자주 바꾸는 것은 법적 안정성의 측면에서 바람직하지 않다. 상황의 변화를 고려하여 20-30년 주기로 조정한다.

2021년 기준 남성의 건강수명은 평균 70.7세다. 2019년에는 71.3세였고, 2000년에는 64.9세였다. 건강수명이란 건강하게 살 것으로 기대되는 기간이다. 기대수명에서 질병 또는 장애를 가진 기간을 제외한 수명이다. 신체적으로나 정신적으로 특별한 이상 없이 생활하는 기간을 의미한다. 그 이후에는 육체적으로 정신적으로 질병이 많아진다. 그러므로 건강수명에 준하여 정년을 정하는 것이 가장 기본이다.

다른 직업군은 건강수명보다 훨씬 젊은 나이에 은퇴한다. 이것을 목사직에 동일하게 적용하는 것은 바람직하지 않다. 목사직의 특수성을 고려해야 한다. 목사는 직무의 특성상 완숙한 나이에 이르렀을 때 오히려 더 생산적으로 일할 수 있다.

개인마다 건강수명이 다르다. 개체교회의 형편이 다르다. 어떤 사람은 만 70세 이후에도 여전히 건강할 수 있다. 그럼에도 법으로 규정하는 이유가 있다. 그렇지 않으면 개인의 주관적 견해, 판단, 결정으로 혼란이 생긴다.

목사는 치리회의 결의에 따라 목사가 되었으므로 치리회가 정한 은퇴 정년을 존중해야 한다. 비록 자신이 목사의 직분을 더 감당할 수 있는 건강이 허락되더라도 은퇴하는 것이 교회에 덕이 된다.

4. 조기 은퇴

정년 은퇴가 원칙이다. 교회법이 정한 나이보다 일찍 은퇴하도록 개체교회가 정관을 제정해서도 안 된다. 상위법 우선의 원칙에 어긋난다. 본인이 임의로 정년보다 일찍 은퇴할 수 없고, 개인이나 일부 집단이 정년보다 일찍 은퇴하게 강요할 수 없다.

목사 스스로 정년보다 일찍 은퇴하길 원할 경우, 당회의 동의와 노회의 허락을 받는다.

특수한 사정(목사의 건강 등)으로 당회가 목사의 조기 은퇴를 목사와 상의할 경우가 있을 수 있다. 목사와 교회 공동체를 위한 이유일지라도 목사가 원치 않는데 강요해서는 안 된다. 목사가 동의할 경우라도 반드시 노회의 허락을 받아야 한다.

5. 원로목사와 은퇴목사로 나누는 문제

예장 고신을 비롯해 대부분의 한국교회가 은퇴한 목사를 은퇴목사와 원로목사로 구분한다. 은퇴목사 가운데 한 개체교회에서 20년 이상 시무하여 추대 절차를 따라 공동의회의 원로목사 추대 결의를 받고 노회에서 원로목사로 허락을 받아 원로목사가 된다. 이렇게 함으로써 은퇴목사와 원로목사 간에 차등이 생긴다. 지위만 아니라 예우도 그렇다. 예장 고신 교회법(정치 제43조)에 따라 일반적으로 원로목사는 교회로부터 생활비를 제공받지만, 은퇴목사는 그렇지 못하다.

이는 개혁주의 원리에 맞지 않다. 직분의 동등성에 어긋난다. 목사와 목사 간에는 차등이 없다. 성경은 직분자 간의 차등을 말하지 않는다(마 23:8-12 참조).

원로목사와 은퇴목사로 구분하는 제도는 다른 직분과의 동등성에도 문제가 있다. 집사와 권사는 원로가 없다. 유독 목사와 장로에 대해서만 원로제도를 두는 것은 바람직하지 않다. 그러므로 원로목사와 은퇴

목사로 나누는 제도는 재고할 필요가 있다.

2장 은퇴목사의 신분과 권한

목사가 은퇴하면 목사인가, 아닌가? '은퇴목사'도 목사지만, 목사직무를 공식적으로 수행하지는 않는다. 그렇다고 현실적으로 교인의 자리로 돌아가는 것이 쉽지 않다. 은퇴한 목사의 신분과 지위, 혹 필요한 역할이 있다면 그것이 무엇인지 알아보자.

1. 은퇴목사의 신분

장로교 목사는 노회에 속한다. 목사는 노회에서 임직받고, 개체교회에 파송되어 목회를 한다. 목사가 은퇴하면 목사의 소속은 여전히 노회에 있으며 신분은 은퇴목사가 된다.

목사의 신분이 개체교회에 있는 대륙의 개혁교회도 은퇴목사는 여전히 목사다.

2. 은퇴목사의 권한과 권리

1) 개체교회에서

목사는 은퇴와 동시에 시무하던 개체교회와의 목양 관계가 종료된다. 당회의 요청이 있을 경우 설교할 수 있고, 성례를 집례할 수 있다.

교인으로서 성찬 참여권, 교인으로서의 모든 청구권, 영적 보호를 받을 권리가 있다. 단, 공동의회 회원권은 없다(참조. 교회정치문답조례 제96문답). 목사의 아내는 공동의회 회원권이 있다.

따라서 은퇴목사가 출석하는 교회는 그와 가정을 목양해야 한다.

2) 노회에서

목사는 은퇴해도 노회원이다. (발)언권과 선거권을 가진다. 하지만, 은퇴로 인해 말씀과 권징으로 천국 열쇠권을 수행하던 일에서 물러났기에 회원권에 제한을 받는다. 피선거권과 결의권은 없다. 피선거권이 없으므로 노회 임원, 상비부원, 특별위원 등으로 일할 수 없다. 결의권이 없으므로 노회의 결정에 참여할 수 없다. 예장 고신 교회법은 만 80세부터는 모든 권한을 제한한다.

3장
은퇴 전후의 변화

목사가 은퇴하면 많은 것이 바뀐다. 변화가 너무 커서 감당하기 힘들 수도 있다. 목사 자신만이 아니라 아내도 큰 변화를 겪는다. 목사는 은퇴로 인한 변화를 미리 생각하고 준비해야 한다.

1. 본인의 변화

은퇴하면 일이 없다. 은퇴 직후 한두 해 정도는 설교 초청도 있어서 괜찮겠지만 그 이후부터는 모든 것이 끊어진다. 지루하고 무료하다. 무얼 해야 할지 모른다. 힘들지만 받아들여야 할 현실이다.

2. 부부 관계

은퇴하면 부부 관계가 새로운 국면에 접어든다. 은퇴하면 부부가 더 많이 함께 할 수 있어서 행복하고 즐거울 것이라 생각한다. 그런 면도 있지만, 실제로는 은퇴 후에 부부 관계가 어려울 수 있다. 부부가 계속 함께 있어야 하는데, 함께 하는 시간이 너무 부담되고 힘들고 스트레스가 쌓일 수 있다. 그래서 각자가 따로 시간을 보내려고 할 수 있다. 은퇴 후 갑자기 찾아온 변화는 부부 관계에 큰 숙제다.

3. 인간 관계

은퇴하면 인간관계가 급격하게 좁아진다. 그동안 연락하던 사람들도 연락을 끊고, 초청도 끊는다. 현역 때와 달리 찾는 사람이 적다.

그렇게 될 때 사람들의 기억에 잊힌다고 생각하기 쉽다. 사람들이 나를 차단한다고 느낄 수 있다. 힘들지만 받아들여야 할 현실이다.

4. 교인과의 관계

은퇴하면 교인과의 관계가 단절된다. 목회하던 교인과의 관계가 자연스럽게 끊어진다. 목사는 후임목사에게 부담을 주지 않기 위해 교인들에게 연락을 취하고 싶어도 자제한다. 당연히 그래야 한다. 이것이 후임목사를 배려하는 것이기 때문이다. 목사의 외로움은 커질 수밖에 없다. 이것도 힘들지만 받아들여야 할 현실이다.

5. 교인으로서의 삶

오랫동안 목사로 살다가 은퇴하면 교인으로서의 삶을 시작해야 하지만, 현실에서는 교인으로서의 삶을 살기가 쉽지 않다.

목사는 여전히 자신이 목사라는 생각에 교인으로서의 삶을 살기 어려워할 수 있다. 같은 교단 교회에 출석하는 것조차 부담을 가지는 경우도 있다. 교인들도 목사를 교인으로 대하기보다 목사로 대한다. 은퇴목사의 교회 출석을 부담스러워하는 경우도 간혹 있다.

6. 목사 아내의 삶

은퇴하면 목사 아내는 훨씬 힘들 수 있다. 목사는 은퇴 이후에도 은퇴한 목사들과 만난다든지 여러 가지 활동을 계속할 수 있다. 목사 아내는 상황이 다르다. 목사 아내는 남편의 은퇴와 함께 모든 관계가 끊어진다. 자녀들도 이미 분가했기 때문에 부부만 남게 되는데 목사 아내는 외로움에 시달릴 가능성이 크다.

목사 아내는 남편이 목회하던 교회의 교인들과 교제하는 것이 인간관계의 큰 부분을 차지한다. 교인들과 함께 웃고 울던 세월을 보냈다. 그런데 남편의 은퇴와 함께 그 교회에 출입도 어려워진다. 교회로부터 멀리 떨어져서 거주하며 살게 된다. 교인들과의 모든 관계가 단절된다. 교인들과의 관계가 전부라고 할 수 있는데, 이것이 단절되면 그 상실감이 크다.

4장
은퇴 관련해서 일어나는 현실과 문제

목사 은퇴 문제는 한국교회 안에서 민감하다. 교회마다 목회자 은퇴 예우 문제로 갈등이 있다. 오랫동안 쌓여 온 목사와 교인 사이의 목양 관계가 하루아침에 파국으로 끝나기도 하고 교인들이 서로 갈라지고, 심하면 교회가 분열되기도 한다.

목사 은퇴와 관련해 다음과 같은 현실과 문제가 있다.

1. 현실

첫째, 최근 은퇴 목회자의 급증이 예상된다. 목사들이 베이비붐 세대(1954~1963년)에 몰려있기 때문이다.

둘째, 교회 대부분이 미자립교회다. 한국교회 절반 이상이 미자립

교회다. 교회와 목사 모두 은퇴를 위한 준비가 안 되어 있거나 부족한 실정이다.

셋째, 미자립교회의 경우 은퇴목사의 예우가 사실상 어렵다.

넷째, 은퇴목사의 예우를 목사 개인이나 개체교회에 대부분 맡긴다.

다섯째, 예우를 위한 공교회의 시스템이 부족하다. 교단마다 연금(은급)제도가 있지만, 목사의 절반이 가입하기 어려운 현실이다.

여섯째, 은퇴 예우에 대해 목사가 과욕을 부리는 경우가 있다.

2024년 8월 목회데이터 연구소가 ㈜지앤컴리서치에 의뢰해 발표한 설문조사에 따르면 목사의 65%가 노후 준비를 못하고 있고, 64%는 은퇴 후 마땅한 거주지가 없는 것으로 나타나 노후에 주거 안정성이 위협받고 있다. 노후를 위한 경제적 준비를 완료했거나 하고 있는 목사는 35%에 불과하다. 이는 일반 국민이 70%에 이르는 것에 비해 현저히 낮다. 노후 준비를 못하는 이유를 물어본 결과, 대다수(88%)는 '경제적으로 여력이 없어서'라고 응답했다.

2. 문제

첫째, 은퇴목사의 급증으로 몇몇 교회의 문제가 아닌 한국교회 전체에 큰 어려움으로 번질 수 있다.

둘째, 은퇴목사의 예우를 감당할 수 있는 후임목사를 찾아 권리금처럼 받는 일이 생긴다.

셋째, 교회를 폐쇄하고 남은 재정을 은퇴목사가 사유화하는 일이 생긴다. 이를 위해 교단 탈퇴도 감행하고 교인도 내보낸다.

넷째, 은퇴목사의 예우를 위해 다른 교회와 합병하여 해결한다.

다섯째, 교회를 사유화하여 교회(교회당, 교인)를 매매하여 해결한다.

여섯째, 은퇴목사 간의 갈등과 위화감이 발생한다.

일곱째, 목사의 영예를 실추시킨다.

5장
교회의 준비

1. 교회의 책임

목사 은퇴는 목사 개인의 일이면서 동시에 교회의 일이다. 목사는 교회의 공적인 직분이기에 목사의 은퇴는 교회에 큰 영향을 미친다. 교회는 목사의 생활을 책임질 의무가 있다. 교회는 은퇴한 목사의 생활비를 명예롭게 지원해야 한다. 그러므로 개체교회와 노회는 목사의 은퇴를 위해 준비해야 한다.

2. 당회의 준비

은퇴하는 목사의 생활비에 대한 일차적 책임은 마지막으로 시무한 교회에 있다. 교회는 목사의 은퇴를 앞두고 최소한 2-3년 전, 길게는 5년 전에 준비해야 한다. 이를 위해 당회 전체 또는 당회원 일부로 은퇴위원회를 구성하거나 또는 당회원을 비롯해 다른 직분자와 교인으로 은퇴위원회를 구성한다.

　당회로부터 위임받은 은퇴위원회는 목사의 은퇴 절차와 퇴직금 지급, 주거 문제 등을 어떻게 할지 확인하고 준비한다. 은퇴위원회는 지금까지 교회가 목사의 은퇴를 위해 어느 정도 적립을 했는지 확인한다. 은퇴목사가 거주할 주택, 총회가 운영하는 연금제도, 국가가 운영하는 국민연금 등에 그동안 어느 정도를 납부했는지, 얼마를 수령할 수 있는지 확인한다. 또한 목사의 퇴직금은 어떻게 할지 정한다. 부임 당시에 이미 정했다면(원칙적으로는 청빙 때부터 퇴직금 적립을 하는 것이 바람직하다), 그동안 제대로 적립되었는지 확인한다. 전체를 잘 살핀 뒤, 목사가 은퇴 후에 은퇴목사로서의 명예와 품위를 유지하면서 생활할 만한 정도인지 확인한다. 부족하다면 교회의 형편을 고려하여 추가로 지급할 수 있는지 논의한다. 이때 목사의 특수성을 고려해야 한다. 목사는 말씀 봉사에 전념하였기 때문에 경제 관념이 부족하고, 넉넉하지 않은 생활비로 인해 개인 준비가 미흡할 수 있다는 점을 참고한다.

　은퇴위원회가 내용을 확정하면 당회의 허락을 받고, 공동의회에서 최종 결의한다.

3. 공동의회 절차

1) 은퇴목사의 경우

예장 고신의 경우 현행 교회법에 의하면 신분에 대해서는 공동의회가 필요 없다. 은퇴하는 목사가 직접 노회에 은퇴 청원을 하면 된다. 단, 예우와 관련해서는 공동의회가 필요하다. 예산은 공동의회의 의결이 필요하기 때문이다.

은퇴위원회의 결의에 따라 당회가 예우를 결정했다면, 공동의회가 최종 의결해야 한다.

공동의회는 당회장 본인에 관한 안건을 처리할 때는 본인이 사회할 수 없다. 당회가 본 노회 목사 중에서 임시 당회장을 청해야 한다. 이 때 노회가 파송한 당회장이 아닌 임시 당회장은 사회권만 행사한다(정치 제115조).

2) 원로목사의 경우

예장 고신의 현행 교회법에 따르면, 한 개체교회에서 20년 이상 시무한 목사는 공동의회를 통해 원로목사 추대가 가능하다. 그러므로 신분과 관련해서는 반드시 공동의회를 통해 원로목사 추대 결의를 해야 한다. 시무 기간 산정은 그 교회에서의 전 시무 기간을 통산한다. 또한 주거의 편의와 생활비를 정해야 한다. 예장 고신 교회법은 원로목사 추대를 위한 의결정족수를 언급하지 않는다. 그러므로 참석자의 다수결로 결정한다. 공동의회에서 결정된 내용은 노회에 보고하여 허락을 받아야 한다.

위와 마찬가지로 공동의회장은 당회장 본인에 관한 안건일 경우 본인이 사회할 수 없다. 임시 당회장으로 하여금 사회케 해야 한다.

4. 노회 절차

1) 은퇴목사의 경우

은퇴하려는 목사는 노회에 위임(전임)목사 사임 및 은퇴 청원을 한다. 은퇴목사의 경우 예우 문제는 노회의 허락이 필요하지 않다.

노회는 제출된 청원서를 접수하여 다룬다.

2) 원로목사의 경우

공동의회를 통해 원로로 추대받은 목사는 노회에 위임(전임)목사 사임 및 은퇴 청원, 원로목사 추대 허락 청원을 한다. 원로목사 추대 허락 청원서에는 목사의 시무 기간, 예우 내용을 기재하고, 공동의회 결의서를 첨부해야 한다.

노회는 제출된 청원서를 접수하여 다룬다. 노회가 결의하면 그와 동시에 원로목사가 된다. 원로목사 추대식을 할 수 있으나 하지 않아도 무방하며, 원로목사 추대식을 하더라도 원로목사 추대 공포가 필요하지는 않다. 이미 노회의 결정으로 원로목사가 되었기 때문이다.

● 참고자료

아래는 노회 차원에서 목사 은퇴 절차에 대해 시행세칙을 제정한 것이다.

대한예수교장로회 고신 총회 경기중부노회 시행세칙

제6조 은퇴
1. 전임목사의 은퇴청원서가 시찰을 경유하여 본회 서기에게 접수되면, 노회는 신속하게 당회장을 파송하되 타 시찰에서 임명도 가능하다.
2. 전임목사는 본인 재임 중에 후임 담임목사 청빙 절차를 진행할 수 없다.
3. 전임목사가 사면/은퇴청원서를 제출하면 당회장을 사임한 것으로 간주한다.
4. 위임목사의 정년 은퇴가 1년 이내인 경우 은퇴 또는 사임 청원서를 제출하지 않아도 위임목사의 허락을 받아 후임 담임목사 청빙 절차를 진행할 수 있다. 단, 현 당회장이 사회하여 당회 및 공동의회 결의를 할 수는 없다.
5. 후임 담임목사 청빙을 위한 당회, 공동의회는 해 당회에서 노회원 중에서 임시당회장을 청할 수 있다(해 교회 부목사가 맡을 수는 없다).

6. 담임목사가 은퇴할 경우에는 제반 형편을 살펴서 해 교회에서 응분의 예우를 할 수 있도록 하되 반드시 임사부를 경유하여야 한다.

7. 담임목사가 은퇴할 때, 다음과 같은 경우에는 목사 은퇴 관리위원회(7인, 현 담임목사 4명 총대 장로 3명)에 보고하고 협의하여 은퇴를 진행한다.

① 교회를 폐쇄하고자 할 경우

② 교회를 병합하고자 할 경우

③ 교회부동산이 목사 명의로 되어 있을 경우

　또는 담임목사의 재산과 교회의 재산의 경계가 불명확한 경우

④ 교회에서 적절한 예우가 어려워 후임자에게 은퇴금을 받으려고 할 경우

⑤ 교회가 본 위원회에 일임하기를 원할 경우

6장
경제적 준비

한때 목회자의 은퇴 준비를 믿음 없는 태도라고 기피 하는 경향이 있었다. 하지만, 목사도 자연인으로서 은퇴를 미리 준비해야 한다. 목사의 은퇴 준비는 다양한 측면에서 이루어져야 한다. 첫째, 개인의 준비, 둘째, 교회의 준비, 셋째, 노회와 교단의 준비, 넷째, 국가의 준비이다.

1. 개인의 준비

목사는 은퇴를 개인적으로 준비해야 한다.

첫째, 저축한다.
목사 개인이 은퇴 후 생활을 위해 일정 금액을 안정적 금융기관에

저축한다. 물론, 미자립 교회의 경우 생활비도 감당하기 어렵기에 저축도 쉽지 않다.

둘째, 재정 계획이다.

목사는 재정 전문가가 아니다. 그러니, 재정 전문가와 상담하여 은퇴 후 필요한 자금을 계획하고 준비한다.

셋째, 보험 가입이다.

보험에 가입해 미래를 준비한다. 실손보험, 손해보험, 건강보험, 연금보험 등 다양한 보험 상품을 통해 은퇴 후의 재정적 부담을 줄인다.

넷째, 주택 준비다.

담임목사는 교회로부터 사택을 제공받는다. 그러다 보니, 은퇴하는 목사에게는 주택이 없다. 목사는 자신이 살 집을 미리 준비해야 한다. 물론 국가(LH, SH 등)가 제공하는 주거 혜택을 이용할 수 있다. 어떤 경우이든 거주할 주택을 준비해야 하는 것은 분명하다.

2. 교회의 준비

교회도 목사의 은퇴를 위해 준비해야 할 것들이 있다.

첫째, 연금 제도다. 교회 차원에서 목사를 위한 연금제도를 마련하여 은퇴 후에도 안정적인 생활을 할 수 있도록 지원한다. 교단별로 은급 제도가 운영되고 있으니, 교회가 목사의 은급 가입을 적극 권할 뿐 아니라, 마땅한 재정적 지원도 해야 한다.

둘째, 퇴직금 제도다. 목사가 은퇴할 때 받을 수 있는 퇴직금도 준비해야 한다. 목사가 갑자기 은퇴하게 될 때 독립하기 위한 자금이 필요하다. 그때 퇴직금이 요긴하게 사용된다.

3. 노회와 교단의 준비
목사의 은퇴를 위해 노회와 교단이 준비해야 할 것들이 있다.

첫째, 공동 연금 기금이다. 교단 혹은 노회 차원에서 공동 연금 기금을 조성하여 목사의 은퇴를 지원할 수 있다.

둘째, 지원 프로그램을 준비한다. 은퇴목사를 위한 다양한 지원 프로그램을 운영할 수 있다. 은퇴를 앞둔 목사를 위해 특별 세미나를 지역별로 개최할 수 있다.

셋째, 정책을 마련한다. 은퇴목사를 위한 다양한 정책을 마련하고 실행한다. 노회 차원의 은퇴를 위한 특별위원회를 만든다.

넷째, 재정 교육을 한다. 목사들에게 재정 관리와 은퇴 준비에 대한 교육을 제공한다.

4. 국가의 준비

목사도 국가의 한 시민으로 국가가 제공하는 은퇴 후의 혜택을 누릴 수 있다. 국가가 제공하는 혜택이 무엇인지 살펴보자.

첫째, 사회 보장 제도이다. 국가 차원의 각종 사회 보장 제도가 마련되어 있다. 목사도 누릴 수 있다. 그런 혜택을 아는 지식이 필요하다.

> 국민연금: 대한민국의 공적 연금 제도로, 18세 이상 60세 미만의 국민이 가입 대상이다. 최소 10년 이상 가입하면 62세부터 연금을 받을 수 있다.
>
> 기초연금: 소득 하위 70%에 해당하는 65세 이상 노인에게 지급되는 연금이다. 매월 일정 금액을 지급하여 기본적인 생활을 지원한다.
>
> 기초생활보장제도: 소득이 최저생계비 이하인 국민에게 현금 지급과 주거, 교육 등의 혜택을 제공하는 제도이다. 노인 빈곤 문제를 해결하기 위해 중요한 역할을 한다.
>
> 노인장기요양보험: 65세 이상 또는 노인성 질병을 가진 60세 이상의 국민에게 장기 요양 서비스를 제공하는 제도이다. 요양 시설 이용이나 재가 요양 서비스를 받을 수 있다.

둘째, 세제 혜택이 있다. 국가는 은퇴를 준비할 때 각종 세제 혜택을 제공한다.

> 사적연금소득 분리과세: 연금저축, 퇴직연금 등 사적연금소득에 대해 연간 1,500만 원까지 분리과세가 가능하다. 이는 은퇴자의 세 부담을 줄여주는 중요한 혜택이다.
>
> 퇴직소득세 감면: 퇴직금을 연금 형태로 수령할 경우, 퇴직소득세를 약 30% 감면받을 수 있다. 이는 일시금으로 수령하는 것보다 세금 측면에서 유리하다.
>
> 기초연금 비과세: 기초연금은 소득 하위 70%에 해당하는 65세 이상 노인에게 지급되며, 이는 비과세 소득으로 분류된다.
>
> 의료비 추가 공제: 65세 이상 고령자의 경우, 의료비에 대한 추가 공제를 받을 수 있다.
>
> 주민세 면제: 일정 소득 이하의 고령자는 주민세가 면제된다.

셋째, 공공 지원 혜택이 있다. 은퇴자를 위한 공공 지원 프로그램이 많다. 그런 것들을 잘 이용할 수 있다.

의료비 지원: 만 65세 이상 노인은 국가에서 제공하는 무료 건강검진, 독감 예방접종, 폐렴구균 예방접종 등의 혜택을 받을 수 있다.

교통비 지원: 만 65세 이상 노인은 지하철 무료 탑승, 기차 요금 할인, 버스 교통비 무료 등의 혜택을 받을 수 있다.

주거 지원: 고령자 맞춤형 공공임대주택 제공, 주택 개보수 지원, 노인주거복지시설 입소 지원 등이 있다.

일자리 지원: 만 65세 이상 노인을 위한 공익 활동 및 사회 서비스형 일자리 지원 프로그램이 있다.

통신비 감면: 기초연금 수급자는 이동통신 요금을 월 최대 1만 1,000원까지 감면받을 수 있다.

이러한 준비가 체계적으로 이루어질 때, 목사가 은퇴 후에도 안정적 생활을 유지할 수 있다. 목사도 이러한 준비를 통해 은퇴 후의 삶을 계획할 수 있길 바란다.

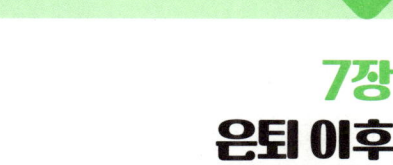

7장
은퇴 이후
어떻게 살 것인가? (1)

1. 은퇴 후 출석교회

목사는 은퇴하더라도 교회에 소속되어 신앙생활을 해야 한다. 은퇴 후 출석교회는 다음의 세 가지 중 하나가 될 수 있다.

1) 시무하던 교회

2) 다른 교회

3) 은목교회

은퇴하는 목사 본인이 여러 상황을 고려해 위 세 가지 중 하나를 결정한다. 다만 어떻게 결정하든 고려할 점이 있다.

1) 시무하던 교회

시무하던 교회에 출석하는 경우 다음과 같은 장단점이 있다.

첫째, 목사가 은퇴 후에도 시무하던 교회에 출석하는 것이 가장 자연스럽다. 둘째, 교회의 입장에서도 은퇴목사가 다른 교회로 떠나지 않고 계속 출석하는 것이 영광이다. 셋째, 신임 담임목사나 교인들이 내심 꺼려할 수 있다. 넷째, 리더십의 이양에 문제가 있을 수 있다. 다섯째, 은퇴목사가 자기도 의식하지 못하는 중에 교회 일에 간섭할 수 있다.

시무하던 교회에 출석하려면, 다음과 같은 사항을 생각해야 한다.

첫째, 신임 담임목사의 동의를 구해야 한다. 이때 신임 목사는 예의상 동의하면서도 내심 꺼릴 수 있으므로 명확하게 확인해야 한다. 교인들의 의중을 정확히 파악해야 한다. 신임 목사와 교인들이 꺼리는데도 출석할 경우 어려움이 생길 수 있다.

둘째, 내 교회라는 의식, 내가 여전히 담임목사라는 의식을 버려야 한다. 목사는 지금까지 교회와 자신을 분리하지 않고 젊음과 가정, 열정과 시간 등 모든 것을 교회를 위해 헌신해 왔다. 그래서 은퇴하자마자 교회와 자신, 목회와 개인의 삶을 분리하는 일이 쉽지 않다. 정서적으로나 심리적으로 어려울 수 있다.

셋째, 내 사역의 방식을 고집하여 후임 목사가 그대로 계승해 주기를 바라서는 안 된다. 후임 목사가 은퇴한 자신의 사역 방식에서 벗어나 변화를 시도할 때 못마땅하게 생각하고 간섭해서는 안 된다. 오히려 후임 목사의 사역을 위해 기도하며 후임 목사의 목회가 성공하는 것이 은퇴목사인 자신의 영광이라는 생각을 가져야 한다.

2) 다른 교회

다른 교회에 출석하는 경우 다음과 같은 장단점이 있다.

첫째, 다른 교회 담임목사가 허락하면 그 교회에 도움을 줄 수 있다. 둘째, 부담 없이 교회생활을 할 수 있다. 셋째, 출석하려는 다른 교회 담임목사와 교인이 부담을 느낄 수 있다.

다른 교회에 출석하려면, 그 교회 담임목사의 동의를 구해야 한다.

3) 은목교회

은퇴 목회자들이 모이는 은목교회에 출석하는 것은 재고해야 한다. 그 이유는 부록에 있는 "은목교회에 대해"를 보라.

2. 시무하던 교회(교인)와의 관계

은퇴 후에는 시무하던 교회나 교인들과 어떤 관계여야 하는가? 교회나 교인들과 맺은 공적인 목양 관계는 끝났음을 잊어서는 안 된다. 원로목사라 할지라도 마찬가지다.

당장은 정서적으로 어렵더라도 서서히 정리하는 것이 바람직하다. 혹 교인이 개인적으로 연락하고 목양 관계를 계속 유지하려고 할 때도 교회와 신임 담임목사를 위해서 거리를 두고 정리해야 한다.

신임 담임목사와 교회가 자신을 잘 돌아보거나 챙기지 않고, 교인이 찾아오지 않는다고 해도 섭섭해할 필요는 없다. 하나님의 부르심이 있을 때 그곳이 어떠하든 목사가 믿음으로 나아간 것처럼, 하나님의 부르심이 끝날 때 목사는 사역하던 교회와 교인들과의 관계에서 조용히 물러날 수 있어야 한다.

3. 경건 생활

경건 생활은 은퇴목사에게 예외가 아니다. 목사도 신자다. 한 시간이라도 신자의 정체성을 벗어날 수 없다. 은퇴목사가 목회하는 동안 교인들에게 가르친 것처럼, 자신도 영적인 싸움을 해야 한다. 그렇지 않으면 은퇴 후에 목사의 정체성은 물론 신자로서의 정체성마저도 상실할 수 있다.

영적 싸움은 혼자만의 노력으로는 어렵다. 개인적으로 기도하고 말씀을 묵상하는 것 외에 다음의 몇 가지가 더 필요하다.

첫째, 은퇴 후에도 반드시 그리스도의 몸인 교회에 붙어 있어야 한다. 은퇴목사에게는 더욱 교회의 지원과 기도와 돌봄이 필요하다. 목사로서 은퇴한다는 것은 교회생활에서 졸업한다는 의미가 아니다. 교회 목양을 받을 필요가 있다. 목사는 은퇴하기 전에 자기가 은퇴한 후에 어느 교회의 지체로서 소속되어야 할 지, 어느 교회의 목양과 기도 지원을 받으며 신앙생활을 할 지 등에 관해 분명한 준비를 해야 한다. 그렇지 못한 경우에 은퇴한 목회자는 신자의 정체성을 상실할 위험성이 있으며 심지어는 그리스도의 몸에서 끊어지는 불행한 결과를 가져올 수 있다.

둘째, 동료나 친구와 정기적으로 교제를 가진다. 함께 경건 훈련을 하며, 서로 돌아보고, 서로 도우며, 서로 권면하며, 서로 기도하며, 서로 은혜를 나누는 믿음의 동료가 꼭 필요하다.

셋째, 은퇴 후에 하나님께서 인도하실 새로운 부르심을 기대한다. 은퇴하기 전에 하나님이 주신 교회의 여러 가지 사역들이 있었다. 은퇴 후에는 이런 사역을 할 수 없다. 그런데 은퇴한 후에도 여전히 목사다. 제한된 범위이기는 하지만 다른 형태로 목사의 부르심이 있을 수 있다. 공식적인 직무와 사명이 끝났을 뿐이다. 건강과 여건이 허락한다면 설교자 없는 교회를 찾아서 설교 사역을 이어 갈 수 있다. 선교지를 방문하고, 군목이 없는 군인 교회에서 설교 봉사를 하기도 한다. 혹은 시무할 때는 여력이 없어서 돌보지 못했던 미자립교회나 개척교회를 방문해 예배드리고 목회자를 격려하는 것도 좋은 방법이다. 그러므로 목사는 은퇴한 후에도 하나님이 원하시면 어떤 하나님의 부르심을 수행할 수 있는지를 생각하며 기대하며 준비하는 것이 좋다.

4. 여가와 취미

은퇴 이후에는 시간이 많다. 고령으로 인해 신체활동이 어렵다. 목사라는 정체성 때문에 다른 사람과 어울리기 어렵다. 그래서 무료한 경우가 대부분이다.

여가를 무료하게 보내지 않으려면 취미를 가져야 한다. 그래야 신체적, 사회적, 심리적 건강을 유지하고 향상시킬 수 있다. 은퇴를 계기로 새로운 나, 새로운 세상을 발견하고 새로운 관계를 적극적으로 맺으려고 노력해야 한다. 마음과 생각, 지식과 경험, 시간과 재능을 나누는 계기로 삼아야 한다.

젊을 때부터 미리 취미를 가지는 것이 좋다. 적어도 은퇴 10년 전에는 취미를 한두 개를 가져야 한다. 은퇴 이후에 취미를 정하면 너무 늦다.

취미에는 운동, 음악, 미술, 문화 활동 등이 있다.

정부가 지원하는 다양한 노인 일자리나 사회 활동 지원 사업 등에 참여할 수 있다.

주민자치회나 자원봉사, 시민사회 활동 등 다양한 공적 모임에 참여할 수 있다.

5. 인간관계

은퇴 후에 가장 큰 변화를 겪는 것이 인간관계다. 평생 목양 관계를 맺어온 교인과의 관계는 물론 그동안 시무할 때 활동하고 관계를 맺은 시찰, 노회와의 관계, 심지어 동기 목사들과의 관계도 조금씩 단절되기 때문이다. 경제적인 이유로 경조사에 원하는 대로 다 참여할 수도 없다. 새로운 인간관계를 맺는 것도 어렵다. 그렇기 때문에 기존의 인간관계를 잘 유지하는 것이 중요하다. 그러면서도 적절히 줄여야 한다. 그렇지 않으면 경제적으로 큰 부담을 갖게 된다.

은퇴 후에도 여전한 인간관계의 가장 대표적인 것은 배우자다. 따라서 은퇴 후에는 배우자, 가족과 시간을 많이 보내는 것이 바람직하다. 노후에 부부는 그 누구도 대신할 수 없는 가장 친한 친구이자 연인이며 동료이다.

배우자와 가족을 뺀 인간관계의 첫 번째는 두말할 필요도 없이 친구, 동료 은퇴목사다. 은퇴 이후 행복하게 살기 위해서는 친구와의 우정을 노후까지 지속시켜야 한다. 은퇴 전부터 친구 관계를 잘 유지해야 한다. 많은 친구보다 마음을 터놓을 수 있는 친구가 반드시 있어야 한다. 은퇴 이후 행복한 삶을 위한 가장 중요한 조건은 인간관계다.

6. 목사 아내의 삶

목사 아내의 삶도 은퇴목사의 삶과 크게 다르지 않다. 목사 아내는

'목사의 부인'이라는 정체성을 가지고 지금껏 살아왔고 앞으로도 이 정체성을 유지할 것이기 때문이다. 출석교회, 시무하던 교회(교인)와의 관계, 경건 생활, 여가와 취미, 인간관계에서 동일한 기준이 적용된다.

8장
은퇴 이후 어떻게 살 것인가? (2)

1. 건강 관리

1) 육체 건강

첫째, 정기 건강 검진을 받는다. 국민건강보험공단에서 무료로 제공하는 정기 검진을 잘 활용한다. 정기 검진을 통해 질병을 조기에 발견하고 예방할 수 있다.

둘째, 규칙적 운동을 통해 체력을 유지한다. 자기에게 적합한 운동을 찾는다. 일상의 운동이 만성 질환을 예방한다.

셋째, 영양을 관리한다. 균형 잡힌 식단은 건강 유지의 기본이다.

넷째, 의료 서비스를 잘 이용한다. 필요한 경우 적절한 의료 서비스를 받는 것을 주저하지 않는다.

2) 정신 건강

첫째, 우울증을 관리한다. 배우자 사별과 고독 등으로 인한 우울증을 예방하고 관리하기 위해 상담이나 치료를 받는다.

둘째, 사회적 활동을 한다. 교회나 지역 사회에서의 활동을 통해 사회적 관계를 유지한다.

셋째, 취미 생활을 한다. 새로운 취미를 찾거나 기존의 취미를 지속하여 정신적 안정을 찾는다.

넷째, 동호회 모임을 한다. 비슷한 경험을 가진 사람과의 모임과 관계를 통해 정서적 지지를 얻는다.

2. 재정 관리

첫째, 부채를 정리한다. 은퇴 전에 부채를 정리한다. 새로운 부채는 피한다.

둘째, 지출을 관리한다. 은퇴 후의 수입(연금, 보험 등)과 지출(헌금, 주거비, 생활비, 통신비, 의료비, 교통비 등)을 고려한다. 2025년 기준 부부가 최소한 필요로 하는 돈은 200~300만 원이다.

3. 죽음 준비

1) 개인의 죽음을 준비한다.

목사는 교인들에게 죽음을 가르치고 준비시켰다. 본인도 준비해야 한다. 질병과 노화의 진행을 통해 죽음이 가까이 다가왔음을 느끼게 된다. 요양병원에 가야 할 상황이 생길 수도 있다. 죽음 자체에 대한 두려움, 친근한 것과의 이별, 살아온 날에 대한 후회와 반성과 상실 등에 대한 미안함과 좌절감으로 인해 힘들 수도 있다. 목사는 일평생 복음과 천국 소망을 전했지만, 정작 위기를 만나면 흔들릴 수도 있다.

그럼에도 신자의 죽음은 복되다는 것을 끊임없이 기억하고 믿어야 한다(계 14:13). 죽음을 통해 수고를 그치고 쉬며, 애통하는 것이나 곡하는 것이나 아픈 것이 다시 있지 않을 것이다(계 21:4). 죽음에 임박해서는 두려워하지 말아야 한다(살전 4:13-18). 영원한 생명과 부활에 대한 소망을 가져야 한다.

유언장을 작성하고, 자신의 장례 계획을 세우고, 사전연명의료의향서를 작성한다. 이에 대해서는 본 연구소가 발행한 장례 매뉴얼을 참고한다.

2) 주변의 죽음에 대해

시간이 갈수록 배우자를 포함해 친구, 동료, 지인이 죽음으로 이별한다. 이로 인해 상실감을 느낄 수 있다. 이는 자연스러운 일이니, 슬픔을 건강하게 받아들이고 치유해야 한다. 감정을 억누르지 말고 애도의 시간을 충분히 갖는다.

부록 1.
FAQ

1. 목사는 은퇴 후에도 여전히 목사인가?

은퇴 후 공적인 직무에서 벗어나지만 남은 생을 제한적으로 목사직을 수행할 수도 있다. 그래서 여전히 목사라고 부른다.

2. 은퇴목사는 개체교회의 공동의회 회원이 될 수 있는가?

은퇴목사는 개체교회에 속해서 교인으로 생활할 수 있다. 교인으로서의 모든 권리를 누릴 수 있다. 성찬 참여권, 모든 청구권, 영적 보호를 받을 권리가 있다. 단, 공동의회 회원권은 없다(참조. 교회정치문답조례 제96문답). 장로교회법 상 여전히 노회원으로 남아있기 때문이다. 하지만 원리상 모순되는 부분이 있다. 교인의 모든 권리는 누리면서도 공동의회 회원권만 없다는 것은 이해하기 어렵다. 재고할 필요가 있다.

3. 은퇴목사가 교회를 개척해서 목회할 수 있는가?

은퇴목사가 교회를 개척하여 목회할 수 있다. 단, 당회장을 맡을 수는 없다.

4. 은퇴목사의 예우를 위해 다른 교회와 합병하여 해결하는 방법을 어떻게 보아야 하는가?

교회 합병, 폐쇄 등은 종종 일어나는 일이다. 은퇴목사의 예우를 위해서 두 교회가 합병하는 것을 부정적으로 생각하는 경우도 있다. 은퇴목사의 예우 때문에 한 교회가 사라졌다고 생각하기 때문이다. 그러나 총회나 노회가 원칙을 세우고 건전하게 잘 지도하여 합병하면 손실이 아니라 얼마든지 교회에 큰 유익이 될 수 있다.

5. 은퇴목사의 예우를 위해 공교회 차원에서 노회와 총회가 할 수 있는 일은 없는가?

은퇴목사의 예우를 목사 개인이나 개체교회에 전적으로 미루는 것은 공교회를 고백하는 우리에게 바람직하지 않다. 한국교회 절반 이상이 미자립교회임을 잊어선 안 된다. 우리 모두의 일로 여기고 공교회적인 책임을 유기해선 안 된다. 따라서 총회나 노회가 우선 목회자를 위한 공적 연금제도를 건실하게 갖추고 관리할 뿐 아니라, 연금제도에 가입하지 못하는 목회자를 위해서는 노회와 총회가 적극적으로 개입해서 재정적으로 지원해야 한다. 어떤 노회는 미자립교회 목회자를 위한 연금 가입을 돕는 경우가 있다.

6. 시무했던 교회(당회, 신임 담임목사)가 은퇴목사의 교회 출석을 꺼리거나 드러내놓고 반대할 때 어떻게 해야 하는가?

당사자에게는 안타깝고 서운한 일이지만 제3의 다른 교회를 정하는 것이 오히려 더 좋을 수 있다. 다른 교회에서 부담 없이 교회 생활을 할 수 있고, 지금껏 쌓아온 지식과 경험을 토대로 그 교회와 담임목사에게 여러 가지 형태로 실제적인 도움을 줄 수 있다.

7. 목사가 은퇴 후 출석교회를 정하지 않고, 주일에 자기 집에서 예배드리는 것으로 신앙생활하는 것을 어떻게 봐야 하는가?

목사라도 은퇴 후에 반드시 그리스도의 몸인 교회에 붙어 있어야 한다. 목사로서 은퇴한다는 것은 교회생활에서 졸업한다는 것을 뜻하지 않는다. 목사도 교인이라는 사실을 잊어선 안 된다. 오히려 은퇴 후에는 교인처럼 교회의 지원과 기도와 돌봄이 더욱 필요하다. 은퇴한 목사라도 교회에 붙어 있지 않으면 신자의 정체성을 상실할 위험성이 있으며 심지어는 그리스도의 몸에서 끊어지는 불행한 결과를 가져올 수 있다.

8. 시무했던 교회의 교인이 은퇴목사에게 개인적으로 계속 연락을 해올 때 어떻게 하는 것이 바람직한가?

오랫동안 목사와 교인이 맺어온 목양적 관계를 한 번에 단절하는 것이 쉽지 않을 것이다. 당장은 정서적으로 어렵더라도 서서히 정리하는 것이 바람직하다. 교인이 개인적으로 연락하고 목양 관계를 계속 유지하려고 할 때도 교회와 신임 담임목사를 위해서 거리를 두고 정리하는 것이 좋다.

9. 은퇴위원회는 어떻게 만들어야 하는가?

교회는 목사의 은퇴를 준비하기 위해 은퇴위원회를 만들 수 있다. 은퇴위원회가 공적인 기구가 되기 위해서는 당회에서 만들어야 한다. 미조직교회는 제직회나 공동의회에서 만든다. 은퇴위원회는 은퇴를 앞둔 목사와 상의하여 최소 2-3년 전, 길게는 5년 전에 준비한다. 교회 규모와 형편에 따라 당회원 전체, 당회원 일부, 당회원 일부와 다른 직분자 등으로 구성할 수 있다. 이때 교회 내 재정 관련 직장 종사자 또는 사회복지직 공무원이 있다면 포함 시키면 좋다. 퇴직금 및 은퇴 후 생활비, 주거 문제 등의 안건을 만드는데 도움이 되기 때문이다.

부록 2.
타임테이블

● 목사 은퇴 타임테이블 및 체크리스트

내용	시기 (최소한)	체크
1. 은퇴 상황 발생	1) 목사 은퇴를 예상해야 함	
	2) 최소한 5년 전부터 준비	
2. 은퇴 예비 과정	1) 당회원 워크숍	
	2) 은퇴에 대한 논의	
3. 은퇴 위원회 구성	1) 위원 구성	
	2) 역할과 권한 규정	
	3) 은퇴절차, 퇴직금 지급, 주거문제 논의	
	4) 교회 형편에 맞는 예우 정리	
	5) 당회 보고	

4. 당회	1) 은퇴 관련된 모든 내용 정리	
	2) 향후 일정 정리	
5. 공동의회	1) 임시 당회장 요청	
	2) 예우와 관련하여 의결	
	3) 필요 시 원로목사 추대 결의	
6. 노회	1) 은퇴하는 목사가 사임 및 은퇴 청원	
	2) 원로로 추대받은 경우: 위임(전임)목사 사임 및 은퇴 청원, 원로목사 추대 허락 청원	
	3) 원로목사 추대식	
7. 은퇴와 은퇴 이후	1) 개체교회 은퇴식	
	2) 은퇴목사 가정 목양	

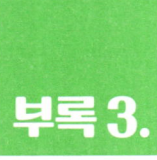

부록 3.
은퇴 관련 문서

QR코드를 활용하시면,
양식을 다운로드 하실 수 있습니다.

청원 서식 B-8 : 목사 사임 청원

 교회

수 신   노회장
참 조   임사부장
(경유)
제 목   사임 청원

성   명 :
주   소 :
주민등록번호 : 000000-1******
직   명 : (위임, 전임, 부)

주님의 은혜와 평강을 기원합니다.

위 본인은 아래와 같이 사임하고자 청원하오니 허락하여 주시기 바랍니다.

현시무교회명 :

위임(부임)일 :

사임 사유 :   끝.

　　　　　　　　　　　　　　　　　교회

　　　　목사　　　　◯　　　　인

시 행 문서번호/　　　시행일자/　　　접수일자/
담당자 전화/　　　　　FAX/
주 소 (　－　)　　　　　　　　이메일/

보고 서식 6 : 원로목사 추대 보고

○○ 교회

수 신   노회장
(경유)
제 목   원로목사 추대 보고

성   명 :
주   소 :
주민등록번호 : 000000-1******
소 속 교 회 :
시 무 기 간 : 0000년 00월 00일 ~ 0000년 00월 00일 (00년)

주님의 은혜와 평강을 기원합니다.
위의 사람을 본 교회의 원로목사로 추대하여 서류를 구비하여 보고하오니 받아 주시기 바랍니다.

붙임서류 1. 공동의회록 사본 1부. 끝.

추대 및 청원인   교회
공동의회장 목사   ⓘ

시 행 문서번호/   시행일자/   접수일자/
담당자 전화/   FAX/
주 소 (-   )   이메일/

증명 서식 3 : 은퇴 증명서

은퇴 증명서

증 제 0000-0000호

성   명 :
주   소 :
주민등록번호 : 000000-1******
현재소속노회 : ○○노회
은   퇴   일 : 0000년 00월 00일
은퇴시 소속노회 : ○○노회
은퇴시 시무교회 : 대한예수교장로회 ○○교회

위 사람이 위와 같이 은퇴한 사실을 증명함.

0000년 00월 00일

대한예수교장로회 고신총회
○○노회 노회장 ○○○ 목사 ㊞

목사 은퇴 및 추대식

목사는 노회 소속이므로 노회에서 은퇴식을 하는 것이 원칙이다. 하지만 개체교회에서 은퇴식을 하려면 노회의 허락과 은퇴 선언이 있은 후 할 수 있다.

목사의 은퇴와 원로목사 추대를 동시에 시행할 경우에는 먼저 은퇴를 선언하고, 이어 원로목사 추대를 선언한다.

1) 목사 은퇴식

(원칙적으로 소속 노회 주관으로 이루어지나 개체교회에서 할 경우 이 예식에 준하여 할 수 있다. 소속 노회에서 할 경우 노회장이 적당한 순서를 정하여 시행한다. 은퇴목사의 자격은 노회에서 은퇴선언이 있은 후부터 주어진다[제37회 총회, 1987년])

인도: 노회장

예배 초청	인도자
축복의 인사	인도자
신앙고백	다같이
찬송	다같이
십계명	인도자

회개기도 ··· 다같이

사죄의 선포 ··· 인도자

감사찬송 ··· 다같이

대표기도 ··· 맡은이

성경봉독 ··· 인도자

찬양 ··· 찬양대

설교 ··· 맡은이

화답찬송 ··· 다같이

약력 소개 ··· 맡은이

은퇴 공포(선언) ·· 노회장
"내가 교회의 머리되신 주 예수 그리스도의 이름과 ○○○노회의 권위로 ○○○씨가 은퇴목사 된 것을 공포하노라. 아멘."

기도 ··· 맡은이

마침 찬송 ··· 다같이

축도(강복선언) ······················· 인도자(혹은 맡은이)

2) 원로목사 추대식

제1부 예배

인도: 당회장

예배 초청 ·· 인도자

축복의 인사 ·· 인도자

신앙고백 ·· 맡은이

영광찬송 ·· 다같이

십계명 ·· 인도자

회개기도 ·· 다같이

사죄의 선포 ·· 인도자

감사찬송 ·· 다같이

대표기도 ·· 맡은이

성경봉독 ·· 인도자

찬양 ·· 찬양대

설교 ·· 맡은이

화답찬송 ·· 다같이

약력소개 ·· 맡은이

추대사 ·· 당회서기

공포 ·· 당회장

"내가 교회의 머리되신 주 예수 그리스도의 이름과 ○○○당회의 권위로 ○○○목사(장로)가 본 교회의 원로목사가 된 것을 공포하노라. 아멘."

기도 ·· 맡은이

마침찬송 ·· 다같이

축도(강복선언) ·································· 인도자(혹은 맡은이)

제2부 축하

축사 ·· 맡은이

기념품 증정 ··· 맡은이

특별순서 ·· 맡은이

답사 ·· 은퇴자

광고 ·· 맡은이

부록 4.
은퇴목사의 삶

목회자 은퇴 이후의 신앙생활

– 공동체 소속의 중요성 – [1]

장희종 목사

(2017년 12월 은퇴)

목사로 사역하다 은퇴한 그리스도인으로서 지난날 경험하지 못했던 전혀 새로운 경험을 하게 되었다. 그것은 삶의 근거요 내용이요 전부가 되었던 신앙공동체에서 뽑혀 갈 바를 알지 못하고 방황하는 경험이었다.

---

[1] 장희종 외 6인, 『한국교회 목회자 은퇴 매뉴얼』(서울: 도서출판 기윤실 2023), 49-55.

부름을 받아 준비 과정이 끝나고 목사 임직을 받을 때 모든 과정을 통과했다는 만족과 새로운 일에 대한 기대와 확신이 마음에 주어진다. 그러나 주의 교회의 청빙을 받아 담임목사로 위임받을 대는 전혀 다른 은혜를 받는다. 그것을 바울이 "예수 그리스도의 심장"(빌 1:8)이라고 했던 바로 그런 마음과 교회의 성도들에 대한 집중력이다. 그러한 예수 그리스도의 마음이 있기에 담임목사는 "해산하는 수고를"(갈 4:19) 순간순간 경험하지만, 마다하지 않고 기쁨으로 감당한다. 담임목사에게 주어진 그 특별한 은혜를 사역 중에는 의식하지 못했다. 마땅히 해야 할 일로 생각하고 기도할 때 하나님의 도우심으로 감당해 가고 있다고 생각했기 때문이다.

사명의 멍에를 벗는 은퇴의 날에 비로소 그 특별한 사역의 은혜(주님의 심장)를 내 마음에 넣어주신 분이 하나님이심을 알게 되었다. 임기 마지막 주일 마지막 시간까지 감당하고 삼위 하나님의 이름으로 지워주신 담임목사의 직무를 스스로 하나님께 넘겨드리고 설교단에서 내려오는 순간 말로 표현할 수 없는 자유와 가벼움, 해방감과 평화가 마음에 충만하게 부어짐을 경험했다. 이는 지난날에 경험해 보지 못했던 전혀 새로운 자유와 평화와 기쁨이었다. 은퇴는 주께서 메워주신 임무를 완주한 내게 주시는 주님의 선물이었다.

목사로서의 사역은 늘 주께서 맡겨주신 성도의 영혼과 무거운 짐으로 가득했다. 성도들에게 전할 말씀을 받아 준비해야 했다. 새벽마다 주 앞에 나아가 간구하지 않을 수 없었다. 그것은 담임목사로 세운 주님이 내 마음에 주신 마음임을 알았다. 은퇴와 동시에 그 무거운 마음을 거두어 후임 목사에게 지워주는 줄을 그때 알았다. 자연스럽게 후임 목사에 대해 진실한 기도가 시작되었다. 마치 어머니가 결혼하여 자녀를 낳아 양육하는 딸에 대한 마음 같았다.

은퇴 후의 삶은 이전과 전혀 달랐다. 삶의 전부를 쏟았던 신앙 공동체를 떠난 후 심한 방황의 시간을 보내야만 했다. 담임목사로서의 긴장과 무거운 부담이 사라지는 동시에 새로운 문제에 눌리게 되었다. 지금까지 삶의 근거요, 삶의 내용과 삶 전체가 되었던 신앙 공동체와 이별해야 한다는 아픔과 두려움 때문이었다. 즐겁게 온 마음을 다해 섬기던 교회에서 주님의 인도하심을 따라 다른 사역지로 옮겨야 하는 아픔은 경험한 적이 있었다. 이는 사랑하는 이들을 두고 다른 곳으로 떠나는 아픔이다. 그러나 또 다른 품어야 할 하나님의 자녀들이 있고 내가 가서 속할 공동체가 있기에 새로운 소망으로 떠나곤 했었다. 그러나 은퇴는 가야 할 곳이 정해지지 않았다. 당황스러웠다. 은퇴 후 2년여 동안은 주일 예배 설교, 사경회에 초청받기도 하고 함께 섬겼던 후배 목사들의 교회를 돌아볼 겸 순회하면서 의미 있는 주일을 보냈다. 그러나 가야 할 교회가 없는 주일에 어느 교회에 나가 예배를 드려야 할까? 알지 못하는 교회에 조용히 뒷자리에서 예배만 드리고 오려고 참석했으나 예배 시간에 일으켜 세워 소개하는 민망한 일 때문에 계속할 수가 없었다.

영혼의 본향으로 돌아갈 때까지 영혼의 양식을 공급받으며 성도의 교제를 나눌 신앙 공동체 선택은 쉽지 않았다. 특히 은퇴한 목사에겐 더욱 어려운 문제였다. 지금까지 섬기던 교회에 계속 나갈 것인가 은퇴자들만 모이는 교회에 나갈 것인가? 은퇴한 선배들은 어느 쪽도 만족함을 누리지 못함을 알게 되었다. 섬기던 교회에 나가는 은퇴목사들은 일반적으로 1부 예배 시간 뒷자리에 앉았다. 담임목사와 마주치지 않도록 먼저 일어나 돌아간다고 한다. 그런가 하면 은목교회(은퇴목사들의 교회)에 출석하는 은퇴목사는 담임목사가 없이 서로 돌아가면서 준비 없이 주일 설교를 하기 때문에 영혼의 만족을 누릴 수 없어 몸부림치다 그 교회를 떠났다고 알려 준다. 그렇다면 나는 어떻게 할 것인가? 평생을 하나님 중심, 성경 중심, 교회 중심으로 성도들과 교제하며 살아왔던 우리 부부는 마치 시인의 고백처럼 "광야 사막 길에서 방황하며 거주할 성읍을 찾지 못"(시 107:4-5)하고 이곳저곳으로 떠도는 난민들의 슬픔을 경험하는 날들이었다.

은퇴목사는 왜 20년 30년 섬기던 신앙 공동체에서 뿌리 뽑혀 난민으로 살아야 하는가? 서양사람은 비교적 합리적이어서 선임자와 후임자는 선배와 후배, 혹은 할아버지 목사와 아버지 목사의 이미지로 자연스럽게 한 공동체 안에서 서로 도우며 조화를 이루어 공동체에 더욱 풍성함을 제공한다. 그러나 우리의 목회 현장은 합리적이기보다는 정서적이다. 목회자는 하나님의 자녀를 맡아 양육하는 유모와 같다. 새로 부임한 목사는 새어머니요, 은퇴한 목사는 옛 어머니 이미지다. 그래서 성도들의 입장에서 새어머니에게 빨리 정을 주며 적응하기 위해서 옛 어머니는 멀리 떠나 자주 나타나지 않는 것이 유익하겠다는 생각에 이르게 됐다. 그리고 모든 교회의 일을 새로 부임한 담임목사를 중심으로 소신껏 할 수 있도록 옛 사역자는 주위에서 사라져 주기를 바랄 수 있겠다라고 생각했다. 새로 부임한 목회자와 은퇴자의 관계를 이렇게 정리하게 되니 새로운 생각을 하게 되었다. 은퇴 후에 꼭 사역하던 지역에 있어야 할 이유는 없겠다. 가능한 멀리 다른 지역으로 옮겨 새로운 공동체를 찾아보는 것도 방법일 수 있겠다는 생각을 하게 된 것이다.

우리 부부는 하나님 나라의 한 백성으로서 새로운 삶을 시작하기로 결심했다. 20년 넘게 살아오던 지역에 꼭 머물러 살아야 할 이유가 더 이상 없었다. 자녀들의 주선으로 대구에서 먼 경기도 김포시로 거주지를 옮길 것을 결정하고 새로운 거주지에서 제일 가까운 교회 후배 목사에게 메일을 보냈다. 목사님의 돌봄을 받으며 신앙생활하기를 소망하는데 받아주실 수 있을지 정중하게 문의했다. 며칠 지나서 환영한다는 답장이 왔다. 우리 부부는 새롭게 소속할 신앙 공동체가 있다는 것이 얼마나 기쁘고 행복했는지 모른다. 난민으로 살다가 입국을 허락받은 난민의 감격과 기쁨이 이럴 것이다. 우리 부부는 지금까지 하나님의 백성으로서 담임 사역자 신분이 아닌 한 성도로 주의 교회를 섬겨본 경험이 전혀 없었다. 신학교 졸업과 동시에 담임 사역자의 길에 들어섰기 때문이다. 그래서 우리 부부는 다짐했다. 이 땅을 떠나기 전에 한 성도요, 주의 몸 된 교회의 지체로서 섬길 새로운 신앙생활을 소원하며 새로운 신앙 공동체에 출석하여 등록했다. 처음 출석하던 주일 새 교우 소개하는 시간에 우리는 이 교회에 한 성도로 섬기기를 원한다고 우리를 소개했다. 우리 부부는 곧 새신자 교육을 담임목사에게 받았다. – 사도신경, 주기도문에 대해서, 십계명에 대해서, 예배에 대해서, 교회의 비전에 대해서 2시간씩 4주 동안 교육을 받았다. 그리고 6개월 후 정교인이 되었다. 정교인이 되어 교회의 모든 특권과 의무를 부여받아 새로운 신앙생활에 적응해 갔다. 모든 것이 생소하지만 앞으로 섬겨가야 할 우리의 신앙 공동체라는 의식으로 마음과 사랑을 쏟으며 최선을 다했다. 모든 성도가 예배를 비롯해서 공동체의 일들에 참여하며 자기 역량껏 봉사하는 교회였다.

그러나 직분자가 아닌 성도로서 교회 생활을 하면서 처음 시련을 경험했다. 우리의 영혼을 양육할 목사로 신뢰와 사랑으로 교제하던 담임목사가 교회를 떠나가야만 하는 시련의 때가 온 것이다. 공동체는 아픔을 경험했고 함께 기도에 전념했다. 성도들이 돌아가면서 줌으로 인도하는 새벽기도회에 참여하면서 교회는 안정을 찾아갔고, 새 담임목사가 부임하고 성도들은 자기가 할 수 있는 봉사를 역량껏 자원하며 봉사하면서 다시 활력을 회복해 가는 경험을 하게 됐다. 이제 우리 부부는 주일에 예배하러 가는 것이 기다려지고 행복하다. 담임 사역자로 섬길 때는 경험해 보지 못했던 대표기도, 성경 봉독, 예배 안내, 부엌 설거지 등 주님의 몸 된 교회를 섬기는 것이 즐겁고 행복하다. 한 달에 한 번씩 모이는 구역모임을 통해서 친밀한 성도의 교제를 나눌 수 있어 즐거웠다. 그리고 전도지를 들고 노방전도를 다니는 것도 구원받은 성도로서 새로운 보람을 느낀다. 담임목사 부재 시부터 새 담임목사가 오셔서 지금에 이르도록 당회가 수요기도회를 맡겨주셔서 즐겁게 봉사하면서 신앙 공동체에 깊숙한 소속감이 생기게 되었다. 그래서 하나님께서 우리의 이 땅에서 경건 생활을 위해 필요한 모든 조건을 새롭게 충족시켜 주셨다. 주님의 몸 된 교회의 지체 의식을 가지고 교회를 사랑할 마음을 주셨다. 교회 텃밭에서 도시농부로서의 큰 기쁨도 덤으로 누리고 있다.

하나님께서 그의 택한 백성은 한 사람도 예외 없이 거룩한 공교회에 속해서 생활하도록 하셨다. 교회를 통해서 보호받고 신령한 은혜를 공급받으며 교제를 통해서 하나님을 영화롭게 하고 영원토록 즐거워하는 삶을 누리도록 하셨다. 그러기 위해서는 신앙 공동체에 속해 있으면서 주일마다 나아가 하나님의 백성들과 함께 하나님의 말씀을 받으며 하나님과 거룩한 교제가 있어야 한다. 하나님 교회의 지체가 되어 소속감과 책임감으로 몸과 마음과 뜻을 합하여 함께 이루어 가야 하는 선한 사역에 참여하는 교제가 있어야 한다. 삶을 함께 나누는 친밀한 사랑의 교제를 누릴 수 있어야 한다. 그럴 때 구원받은 성도로서 이 땅에서 하나님을 영화롭게 하고 즐거워하며 만족한 삶을 누릴 수 있다. 지금 우리 부부는 은퇴 후에 새로운 신앙 공동체에서 이러한 삼중의 교제 속에 행복한 신앙생활을 누리며 지내고 있다.

"이에 그들이 근심 중에 여호와께 부르짖으매… 바른 길로 인도하사 거주할 성읍에 이르게 하셨도다 여호와의 인자하심과 인생에게 행하신 기적으로 말미암아 그를 찬송할지로다 그가 사모하는 영혼에게 만족을 주시며 주린 영혼에게 좋은 것으로 채워주심이로다"(시 107:6-9). 아멘.

원로목사가 아니라, 은퇴목사로 살아가기

오세택 목사

(서울서부노회 은퇴)

목회를 마무리할 즈음 은퇴 이후에 대해 많은 생각을 했다. 뭘 할 것인가에 대해서는 솔직히 아무 생각이 없었다. 왜냐하면, 고향으로 내려가서 남은 생애 모 교회를 섬기며 남아 있는 고향 친구들에게 전도하는 것을 생각했기 때문이었다. 그러나 막상 은퇴 이후 전혀 다른 길인 김용기 장로가 설립한 가나안농군학교를 떠밀려 왔다.

은퇴 이전의 고민은 서울서부노회와 두레교회에 원로목사가 될 것인가, 아니면 노회에 은퇴목사로 남을 것인가였다. 고민 끝에 원로목사가 아니라 은퇴 목사로 남기로 했다. 여기에는 몇 가지 이유가 있다.

첫째, 목사를 원로와 은퇴로 나눈 것은 성경적으로도, 인격적으로도 맞지 않는다는 생각이었다. 헌법에 규정되어있지만 어떻게 목사를 한 교회 20년 이상 봉직했다고 원로가 되고, 20년을 채우지 못했다고 은퇴로 구분할 수 있느냐는 것이다. 단 몇 년을 봉직해도 은퇴하는 목사의 형편에 따라서 교회가 형편대로 살피는 것이 당연한 도리가 아닌가? 목사로 부름을 받고 어느 교회에서든지 은퇴할 때까지 봉사했다면 하나님 나라와 복음을 위해 헌신한 사람으로 어느 교회가 되었든 노후를 살피는 것이 성경의 가르침이고 성도의 덕이다. 이 원칙에는 부교역자들에게도 마찬가지로 적용되어야 한다. 주의 교회를 위해서 평생 또는 적어도 수년 동안 전담 사역자로 헌신한 분이라면 은퇴 이후를 살피는 것이 마땅하다.

둘째, 원로목사 제도의 모순 때문이다. 원로목사가 되면 마치 주택과 사례를 특권처럼 요청하게 된다. 재정적으로 능력이 있는 교회는 문제가 될 것이 없지만, 중, 소형 교회에서는 큰 부담이 된다. 고령화 시대에 어떤 교회는 원로목사를 두 분이나 둘 판이기도 하다. 재정이 부족한 교회에서는 원로목사를 섬기느라 동역자들을 구하지 못하는 경우도 있다. 법대로 원로목사로 추대받아도 자진해서 재정적 부담을 줄여주는 자세가 필요하다.

셋째, 원로목사 제도는 목회자 스스로를 세속화시킬 수 있다. 원로목사가 되기 위해서 성경을 제대로 가르치지 못할 경우가 많을 것이다. 성도들, 특히 중직자들과의 갈등을 피하기 위해 적당하게 설교하거나 치리할 수 있다. 20년 동안 무난히 목회를 해야 원로가 된다는 생각이 암암리에 지배하게 되면 제대로 된 목회가 힘들기 마련이다. 지금처럼 부와 권력의 거센 세파 속에 살아가는 성도들을 성경대로 가르치기 위해서는 목회자들이 중심을 바로 잡아야 하는데, 생의 염려와 명예의 욕심으로 원로목사제도에 얽매이면 교회의 세속화가 불을 보듯 뻔하다.

넷째, 원로목사제도는 생각보다 목회자의 권위를 실추시킨다. 그 대표적인 사례가 목사 청빙 과정에서 나타난다. 원로목사로 세우지 않기 위해서 만 50세 이후의 목사를 청빙하는 교회들이 여기저기 나타나고 있다. 이쯤 되면 목회자가 아무리 리더십을 발휘하고 싶어도 교인들이 신뢰하지 않는다. 목회자가 영적 권위를 잃으면 모든 것을 다 잃는다. 현재 미국의 한인교회들이 대부분 이런 모순에 빠져있다. 목회자를 직원으로 생각하고 재정과 영주권으로 조정하는 것이 현실이다. 목회자의 권위는 오직 자기를 희생하는 데서 나온다. 삶의 희생, 그중에서도 재정의 희생에서 목회자에 대한 진정한 신뢰가 발휘된다.

개인적으로 두레교회를 25년 목회하고 조기 은퇴목사로 마무리했다. 그랬더니 교회에서 은급재단에서 은급비가 나올 때까지 3년 동안 매달 백만 원씩 생활비를 지원해준다. 얼마나 감사하고 떳떳한지 모른다. 은퇴한 교회 주보에 이름도 없다. 그러나 교인들의 기억에서 사라진 것이 아니다. 오히려 마음속 깊은 곳에 각인되어 있다. 목회할 때도 중요하지만 목회를 마치고는 더 중요하다. 주님의 마음을 본받아 비우고 낮추고 사라지는 것이다. 이것이 구원이며 생명의 속성이다. 목회자는 평생 구원과 생명을 외치던 자들이다. 외치던 대로 가야 남아 있는 성도들이 실족하지 않게 되고, 평생 소중히 여길 것이다. 그리고 그 생명이 이어져 갈 것이다.

부록 5.
외국교회의 은퇴제도와 은퇴목사의 삶

네델란드 개혁교회 은퇴목사의 생활과 교회의 역할

성유은 목사
(마리엔베르흐 네델란드 개혁교회)

네델란드 개혁교회 목회자들은 은퇴 후에 어떤 삶을 살까? 은퇴했을 때 교회의 역할은 무엇일까? 이곳 목회자들은 다른 일반 직장인들과 마찬가지로 은퇴 나이가 67세 3개월이다. 예전에는 65세였지만 기대수명이 높아짐에 따라 은퇴 나이가 조금씩 높아지고 있는 추세다. 주변에 은퇴한 목사들이 꽤 있는데 다들 하나같이 입을 모아 하는 말이 "바쁘지만 즐겁다"이다. 그들은 어떤 활동을 하고 어디에 시간을 할애

할까?

목회자들의 은퇴 후의 삶은 크게 두 가지, 즉 교회 활동과 비교회 활동으로 나뉘고, 그 안에서 또 몇 가지로 나뉘는 것 같다.

휴식과 가족과의 시간

많은 목회자들은 은퇴한 다른 사람들과 마찬가지로 가족과의 시간에 투자한다. 많은 이들이 목회 중에 교회에 너무 많은 시간과 관심을 쏟아 그동안 가정에 소홀한 경우가 있는데, 은퇴하면 아내와 더 시간을 보내고 손주들을 돌보는 경우가 많다.

그들은 은퇴 후에 되도록 자녀들이 사는 지역 근처로 이사를 간다. P목사는 은퇴 후의 삶을 '아름다운 시간'이라고 표현하며 손주들을 돌볼 수 있는 기회가 더 생긴 것을 즐기고, H목사는 아내를 위해 매주 장을 보고 저녁마다 요리를 하며 집안일과 정원에 더 많은 시간을 할애한다. T목사는 다른 의미로 가족과 더 많은 시간을 보내는데, 심한 뇌전증에 걸린 자녀가 있어 간병인으로 많은 시간을 보낸다.

물론 이 외에 취미 생활도 다양하게 한다. B목사는 오래전 즐겼던 사진 촬영을 다시 시작하며, 자연 속에서 산책을 하며 찍은 사진을 SNS에 올린다. 온갖 꽃, 곤충, 새를 종류별로 찍고 이름을 알아내어 일일이 다 적어놓는다. L목사는 은퇴 후 캄펜 신학교에서 교목으로 활동하며, 기독교와 이슬람의 관계에 관한 책을 여러 권 쓰기도 했고 종종 책 리뷰하는 일에 보람을 느낀다. 취미 부자의 끝판왕인 목사도 있다. H목사는 옛 취미인 우표 수집을 다시 시작했고, 기독교 합창단에 들어가 활동하며, 여러 박물관을 찾아다니고 (작년에 21개의 박물관 방문), 클래식 콘서트부터 싱어송라이터 콘서트를 보러 다니고, 그것도 모자라 일주일에 세 번 헬스장을 다닌다.

교회에서의 활동

목회자가 은퇴하면 다양한 취미활동을 즐기지만, 그렇다고 해서 교회나 신학에 대한 기여가 끝났음을 의미하지는 않는다. 물론 공식적으로는 교회의 역할을 내려놓지만, 목회의 연속성은 계속 남아있다. 목회자로서의 삶은 끝나지만 본인의 사역을 새로운 방식으로 채워 나간다. 이미 몇십 년 동안 축적해 놓은 어마어마한 지식과 경험이 있기 때문에 이것을 사용함으로 다양한 모습으로 교회를 섬긴다.

그럼에도 불구하고 섬기는데 있어서 은퇴 전과 큰 차이점이 있다고 이야기하는데, 이것은 책임감이다. 더이상 교회의 방향이나 당회의 결정에 대한 큰 책임감과 부담감 없이 봉사할 수 있다는 것이다. 심지어 어떤 이들은 이것을 하나의 해방으로 여긴다. 물론 교회에서 요청이 오면 많은 경우 수락을 하지만, 심리적으로 더 편안함을 느낀다고 한다.

목회자가 은퇴 후 본인의 역할에 대해 어떻게 생각하는지와 별개로, 일반 성도들은 어떻게 생각할까? 일단 사람들이 은퇴목사를 어떻게 대하고 생각하는지에 대해서는 두 가지 면이 있다. 한편으로는 목사직을 은퇴했기 때문에 교회의 한 성도로 대하지만, 동시에 목회를 했던 목사였기 때문에 거기에 맞는 기대를 하는 것도 있다. 많은 목회자들이 은퇴 후에도 설교를 계속하기 때문에 (설교할 수 있는 강도권은 은퇴 후에도 계속 유지가 된다) 성도들이 그들을 일반 성도로만 대하지는 않는다.

그렇다면 어떤 교회 활동을 할까? 가장 많이 하는 것은 설교다. P목사는 본인의 건강이 허락하는 한 그리고 교인들이 좋아하는 한 계속 설교를 하겠다고 한다. 설교 빈도는 목회자마다 제각각이다. 이 목사는 1년에 약 20번 정도 설교하는 반면에 B목사 같은 경우에는 연간 90-100회 정도 설교한다고 한다. 매주 2-3번 정도 설교하는데, 은퇴 전보다 훨씬 더 바쁘다. 이 외에 장례식 및 요양원 주간 예배 인도도 한다. 설교는 본인 교회뿐만 아니라 다른 교회에서도 많이 하기 때문에 매주 새로운 설교 작성을 하지는 않는다. 대부분 국내에서 여기저기에 불려 다니며 설교하지만, 때로는 해외에서 하는 경우도 있다. D목사 같은 경우에는 스페인에서 몇 달 머무르며 그곳에 있는 네덜란드인 교회에서 예배 인도를 한다.

심방 역시 은퇴한 목회자들이 자주 하는 활동 중 하나다. B목사 같은 경우에는 교회 봉사자(kerkelijke werker)로 교회와 계약을 맺어 일하기도 한다. T목사나 M목사처럼 남전도회에 속해 종종 성경공부 인도를 할 때도 있고, 이 외에 목사가 공석인 교회의 중고등 학생에게 요리문답을 가르치거나 당회 서기로 일하는 목사도 있으며, 장로로 활동하는 케이스도 있다. 이처럼 교회에 은퇴목사가 있는 경우에 여러 면에서 역할을 맡으며, 필요할 때는 교인들과 당회에 자문역할을 하기도 한다 (물론 당회에서 원할 때만 그렇다).

이 외에 지역교회 밖의 다양한 일들도 하는데, P목사와 같이 직접적으로 아내와 함께 어느 네팔 가족에게 도움을 주기도 하는 반면 (아내는 네덜란드어, 목사는 성경공부를 가르침), L목사와 같이 간접적으로 우크라이나 선교 감독위원회에서 일하며 도움을 주는 목사도 있다. M 목사 같은 경우는 재정적 문제가 있는 사람, 중독자, 외로운 사람들이 모이는 기관에서 자원봉사를 한다. 그곳에서 매년 몇 번씩 설교를 하며 이야기를 들어주며 교제를 한다. 여러 신학 위원회에서 일을 하는 경우도 있고, 어떤 목사는 코칭 코스를 밟아서 다른 목사들을 개인적으로 코칭해 주기도 한다.

이렇게 사람을 대하며 개인 목회 코칭, 트레이닝, 강의를 하는 목사들이 있는 반면, 신학잡지에 기고를 하고 칼럼을 쓰는 목회자들도 있다. 해외에 있는 목사들과 성도들을 위해 성경공부와 설교노트를 작성해 보내는 경우도 있다.

때로는 은퇴 후에도 총회위원회 임원으로 섬기는 경우도 있다. F목사는 은퇴 전에 섬겼지만 건강 때문에 일찍 은퇴를 한 후 총회일에 전념하고 있다. 지금은 네덜란드 교회 협의회 (Nederlandse Raad van Kerken)에 들어가 봉사하고 있으며, 그 외에 지역 기독교 정당에 들어가 지역 사람들을 도와주고 일하며 바쁜 시기를 보내고 있다.

이처럼 은퇴한 목사들은 여전히 교회와 사회에 큰 역할을 맡고, 의미 있는 방법으로 기여하는 것을 볼 수 있다. 이들은 기존에 가지고 있는 신학적 지식과 경험을 바탕으로 교회에 여러 조언을 주면서, 동시에 여러 기관이나 정치 정당에 들어가 새로운 시도를 하기도 한다. 또는 새로 나온 신학서적들을 파헤치며 다른 은퇴목사들과 독서 모임을 만들어 계속 발전하려고 노력한다. 총회장을 지낸 PV목사는 많은 목회자들이 은퇴 후의 (교회)일을 통해 삶의 의미와 본인의 정체성을 찾는다고 하면서, 본인도 하나님께서 그에게 주신 위치가 어디인지 찾으려고 노력하고 있다고 한다. 그만큼 그들과 교회 그리고 신학의 관계는 끊을래야 끊을 수 없는 관계이고, 주님의 소명을 할 수 있는 한 끝까지 다하려고 하는 삶의 자세이지 않을까 싶다.

이들의 은퇴는 끝이 아니라, 새로운 방식으로 전환되는 시점이다. 여전히 교회 공동체와 사회를 위해 중요한 역할을 계속하고 있으며, 우리는 그들을 통해 은퇴 후에도 그들의 목회적 경험과 지혜를 나누며 봉사하는 삶의 가치를 배운다.

교회의 역할

목사가 은퇴할 때 교회의 역할은 무엇일까? 교회법 은퇴 관련 첫 조항에 보면 목사가 은퇴 나이에 이르거나 근무 불능 상태에 이르렀을 때 당회가 은퇴 허가를 하게 되어 있다. 물론 교단 은퇴위원회의 협조와 노회의 승인을 받아야 하지만, 해당 목사에게 은퇴를 허가하는 것은 당회다. 이때 교회 당회와 목사가 원할 경우, 최대 5년까지 은퇴를 앞당기거나 연기할 수도 있다. 당회는 이에 관해 교인들과 협의해야 한다. 때로는 질병 때문에 목회를 일시 그만둘 수도 있는데, 만약 근무 불능 상태가 2년 이상 지속되고 교회사역지원센터(Steunpunt Kerkenwerk)가 보험 의사의 보고서를 토대로 이 상황이 영구적이라고 판단하면, 당회는 목사에게 은퇴를 허가할 수 있다.

교회에서 목사 은퇴 후의 재정은 어떻게 할까? 네덜란드 개혁교회 목사들은 교단은퇴연합이라는 기관에 소속되어 있다(이 기관은 2027년부터 연금기금 Pensioenfonds Zorg en Welzijn으로 들어가게 된다). 목회자의 은퇴자금을 모으기 위해 할당량이 정해져 있는데, 각 교회는 한 사람당 동일한 금액(할당량)을 이 기관에 지불해야 한다. 물론 목사도 일부 은퇴자금을 직접 마련하는데, 이것은 교회가 목사 생활비에서 미리 계산을 해서 준다.

목회자가 은퇴를 하면 연합기관에서 (혹은 연금기금에서) 각 목사에게 목회를 한 햇수에 따라 은퇴한 교회에 은퇴비용을 지불하게 되어있고, 그 교회가 은퇴목사에게 그 비용을 전달한다. 물론 큰 비용은 아니지만 이렇게 함으로써 모든 목회자는 같은 재정적인 조건에서 은퇴를 맞이하게 된다 (다행히 이 비용 외에 국가연금이 나온다).

목사가 은퇴한 교회는 재정비용을 전달할 뿐 아니라 해당 목회자와의 관계를 계속 유지한다. 보통 1년에 한 번씩 당회가 목사 가정을 방문하며 어려움은 없는지 살펴보고 당회에 보고를 한다. 필자가 사역했던 교회에서는 매해 성탄절 시기에 맞춰 꽤 먼 거리였음에도 불구하고 장로가 은퇴목사 부부를 방문했다. 심지어는 목사가 먼저 떠나고 홀로 계신 목사 아내를 방문하는 것도 게을러 하지 않았다. 나중에 그 목사 아내가 치매에 걸려서 알아보지 못하셨을 때도 찾아뵈며 당회에 소식을 알렸다. 심지어 일반 성도 중에서도 매년 생일에 맞춰 축하카드를 보내는 분들도 계셨다. 교회 주소록에 은퇴목사님의 주소록과 연락처가 항상 나와있고, 때로는 교회 소식지에 소식이 실리기 때문에 좋은 관계를 유지할 수 있는 것 같다. 반대로 많은 목사들이 때로 옛 교회에 와서 설교를 하기도 한다. 이렇게 교인들과 지속적인 교류를 이어나가는 모습을 많이 볼 수 있다.

이처럼 교회는 목사의 은퇴 이후에도 재정뿐만 아니라 지속적인 관심과 지원을 제공해주는 중요한 역할을 한다. 목회자뿐만 아니라 그 배우자에게도 관심을 기울이는 것은 배울 점이다. 목회자는 한편으로는 은퇴 이후에도 교회의 한 성도로 정서적으로 그리고 영적으로 돌봄이 필요하고, 다른 한편으로는 교회 혹은 그 밖에서 자신의 경험과 지혜를 계속해서 나눌 수 있도록 배려해야 할 것이다.

영국 교회의 목회자 은퇴 시스템

이성진 목사

(유럽고신총회 소속, 옥스포드 신학자료 링크 국제 협력 목사)

1. 서론

목회자의 은퇴는 단순한 직무 종료가 아니라 새로운 삶의 시작을 의미한다. 은퇴 후 목회자들은 재정적, 정서적, 사회적 안정이 필요하다. 이를 위해 영국 교회는 목회자들이 은퇴 후에도 안정적인 생활을 유지할 수 있도록 다양한 지원 시스템을 운영하고 있다. 본 글에서는 영국 내 여러 교단과 교회에서 목회자의 은퇴를 어떻게 준비하는지 자세히 소개하고, 교회의 역할에 대해서도 살펴보고자 한다.

2. 목회자의 은퇴 연령 및 조기 은퇴 옵션

영국의 많은 교단에는 법적으로 정해진 은퇴 연령이 없지만, 일반적으로 65세에서 70세 사이에 은퇴하는 것이 보편적이다. 조기 은퇴에 있어서도 유연한 편이다. 55세 이후 조기 은퇴를 허용하며, 건강이나 개인적인 이유에 따라 결정된다. 하지만 은퇴 후에도 일정 부분 사역을 지속할 수 있도록 하는 유연한 제도를 마련하고 있어, 목회자는 개인의 사정에 맞춰 은퇴 시점을 조정할 수 있다.

예를 들어, 완전히 은퇴하지 않고 일정한 허가를 받아 예배 인도나 목회 활동의 제한된 역할을 수행하는 '부분 은퇴'(Flexible Retirement) 방식이 있다. 영국 성공회의 PTO(Status of Permission to Officiate) 제도가 대표적인 예로, 은퇴한 목회자가 공식적인 직책 없이도 예배 인도나 목회 활동을 이어갈 수 있도록 지원한다. 또한 목회자가 일정 기간 동안 업무량을 줄이며 은퇴를 준비할 수 있도록 점진적 은퇴(Phased Retirement) 방식도 대부분의 교단에서 허용하고 있다. 더불어, 은퇴한 목회자가 임시직 형태로 단기적으로 공석을 메우거나 특정 프로젝트를 맡을 기회도 제공한다.

이러한 유연한 은퇴제도는 목회자의 안정적인 은퇴를 보장하면서도 공식적인 직책이나 전체적인 사역의 의무 없이도 자율적으로 사역하며 교회와의 지속적인 관계를 유지할 수 있도록 돕는다.

3. 은퇴 목회자의 연금 및 재정 지원

영국에서 목회자의 은퇴 준비에 있어 가장 중요한 요소 중 하나는 연금과 기타 재정 지원을 통한 경제적 안정이다. 영국 목회자들은 은퇴 후 두 가지 주요 출처에서 연금을 받는다.

첫째, 국가 연금(State Pension)이다. 대부분의 영국 목회자들은 교회(혹은 교구)에 고용된 임금 노동자(employee)로 간주되기 때문에 일반 근로자와 동일하게 국민보험료(National Insurance)을 납부하게 된다. 목회자들은 급여에서 일정 비율(일반적으로 8%)의 국민보험료를 납부하며, 이를 통해 기본적인 국가 연금 혜택을 받을 수 있다.

둘째, 교단 연금이다. 많은 영국 교단들은 목회자들이 은퇴 후에도 안정적인 생활을 할 수 있도록 자체적으로 연금 시스템을 운영하고 있다. 예를 들어, 영국 성공회의 CEFPS(Church of England Funded Pensions Scheme), 가톨릭의 CCRF(Catholic Clergy Retirement Fund), 장로교의 PFM(Pension Fund for Ministers), 침례교의 BMPS (Baptist Ministers' Pension Scheme), 연합교회의 URC MPS (United Reformed Church Ministers' Pension Scheme) 등이 있다. 이러한 연금 제도는 은퇴 후 경제적 안정을 제공하고, 목회자가 충분한 준비 없이 은퇴할 경우 발생할 수 있는 교회의 재정적 부담을 완화하며, 은퇴한 목회자들이 안정적으로 연금을 지급받을 수 있도록 지원한다.

3-1. 연금 가입 및 납입 기간

모든 연금 제도와 마찬가지로, 영국의 연금 제도도 일정 기간 가입하고 꾸준히 납입해야 혜택을 받을 수 있도록 설계되어 있다.

국가 연금에서 기본적인 연금을 받기 위해서는 최소 10년 이상 기여금을 납부해야 하며, 이를 충족해야 은퇴 후 국가 기본 연금을 받을 자격이 주어진다. 교단 연금은 일반적으로 최소 2년 이상 가입하여야 기본적인 연금을 받을 자격이 주어지며, 10년 이상 가입한 경우에는 더 안정적이고 높은 연금 혜택을 받을 수 있다. 많은 영국 목회자들은 안정적인 노후를 위해 평균 20년 이상 연금을 납입하며, 영국 성공회 연금 위원회(Church of England Pensions Board)와 같은 기관에서는 은퇴 후 재정적인 안정을 보장하기 위해 30년 이상의 가입을 권장하여 은퇴 후 재정적 안정을 보장하고 있다. 이는 은퇴 후 재정적 안정성을 높일 뿐 아니라, 교회와 목회자가 장기적으로 협력하여 은퇴 준비를 할 수 있는 구조를 제공하기 때문이다. 35년 이상 사역한 존 스미스(John Smith) 목사의 사례가 이를 잘 보여준다. 그는 은퇴 후에도 지속적인 공동체 봉사를 이어갈 수 있었으며, 철저한 연금 준비 덕분에 경제적으로 안정된 삶을 유지하고 있다. 그는 "은퇴 후 가장 중요한 것은 재정적인 안정입니다. 30년 이상의 납입 덕분에 은퇴 후에도 안정적인 재정을 유지하면서 교회와의 연결을 지속할 수 있었다"라고 말한다.

3-2. 교단 연금의 기여 방식

영국 목회자들의 연금은 교단이 운영하는 연금 시스템을 통해 제공되며, 대다수 교단에서는 목회자와 교회가 함께 기여하는 방식으로 구성되어 있다. 목회자는 자신의 급여에서 일반적으로 8~12% 정도의 비율로 연금기금에 직접 기여하며, 이는 목회자의 선택이나 특정 조건에 따라 다르다. 또한 교회도 목회자의 연금기금에 비슷한 비율로 기여하는데, 목회자 급여의 8~10% 정도가 일반적이며, 특정 교단에서는 이 비율이 더 높게 설정될 수 있다. 또한, 일부 교단에서는 연금기금을 추가로 지원하거나, 목회자의 기여를 보충하기 위해 재정적 지원을 제공하기도 한다.

반면, 영국 성공회의 연금제도인 CEFPS는 목회자가 기여금을 납부하지 않고, 교회가 전적으로 지원하는 방식으로 운영되고 있다. 그래서 은퇴한 영국 성공회 목회자는 국가연금과 CEFPS에서 받는 연금을 통해 경제적 지원을 받게 된다. 다만, CEFPS와 국가연금을 합하면 기본적인 생활비를 충당할 수 있지만 개인의 생활 수준에 따라 추가적인 재원이 필요할 수 있어서, 일부 성공회 목회자는 개인연금(Private Pension)을 별도로 가입하기도 한다.

3-3. 연금 수령 방식

목회자는 일반적으로 65세에서 70세 사이 은퇴 후 연금을 수령하기 시작하며, 조기 은퇴 시에는 감액된 연금이 지급된다. 이러한 구조는 목회자가 자신의 상황에 따라 은퇴 시점을 유연하게 조정할 수 있도록 한다. 일례로, 63세에 은퇴한 한 목회자는 건강상의 이유로 조기 은퇴를 선택했지만, 감액된 연금으로도 생활에 필요한 재정적 지원을 받을 수 있었다. 이처럼 목회자는 은퇴 후 자신의 재정 상황에 맞춰 연금 수령 시점을 조정할 수 있는 여유가 있다.

3-4. 유족 연금 및 추가 지원

목회자가 사망할 경우, 배우자는 기존 연금의 최대 2/3(약 66%)를 지급 받으며, 미성년 자녀에게도 일정 부분 제공된다. 예를 들어, 영국 성공회의 앤 윌리엄스(Anne Williams)는 은퇴한 목회자인 남편이 사망한 후에도 유족 연금을 통해 재정적 안정을 유지할 수 있었다. 그녀는 "교회의 연금 지원이 없었다면 생활이 어려웠을 것"이라며 유족 연금의 중요성을 강조했다. 또한 일부 교단에서는 경제적 어려움을 겪는 은퇴 목회자 가정을 위해 긴급 지원기금, 의료비, 정기적인 재정 보조금 등 추가적인 재정적 지원을 제공하기도 한다.

이처럼 영국 목회자들의 연금 시스템은 개인과 국가와 교회가 모두

협력하는 구조로 되어 있으며, 이러한 협력은 목회자들이 은퇴 후 안정적인 재정 상태를 유지할 수 있도록 돕는 중요한 요소로 작용하며, 특히 교회의 기여는 목회자의 안정적인 은퇴 생활을 보장하는 데 중요한 역할을 하고 있다.

4. 은퇴 목회자를 위한 주거 지원

목회자의 은퇴 후 또 다른 큰 문제 중 하나는 거주지 마련이다. 영국의 많은 목회자들은 사역 중 교회가 제공하는 사택에서 생활하지만, 은퇴 후에는 새로운 거주지를 찾아야 한다. 이를 위해 영국 교단들은 은퇴 목회자들에게 다양한 주택 지원 프로그램을 제공하고, 교회와 교구가 이에 협력하여 안정적인 주거 환경을 유지할 수 있도록 돕는다.

첫째, 저렴한 임대 주택 제도다. 대부분의 교단에서는 은퇴한 목회자들에게 시중보다 저렴한 비용으로 임대 주택을 제공하는 프로그램을 운영하고 있다. 이 프로그램은 주로 교회 소유의 부동산이나 지역 사회에서 접근 가능한 주택을 활용하여 시장 가격보다 저렴한 임대료로 주택을 제공하는 것으로, 일반적으로 장기 임대 계약 형태로 이루어진다.

둘째, 공동 소유 제도다. 이는 은퇴한 목회자들이 주택을 소유하는

데 따른 재정적 부담을 완화하기 위해 마련된 프로그램으로, 목회자가 주택의 일부를 구매하고 나머지 부분을 교단이나 관련 기관이 보유하는 방식으로 운영된다. 영국은 공동 소유 제도가 법적으로 잘 확립되어 있어 안정적으로 활용할 수 있다. 예를 들어, 목회자가 50%의 지분을 구매하면, 나머지 50%는 교단이 소유하게 된다. 이를 통해 목회자는 전체 주택을 구매하는 대신 일정 비율의 지분만 소유하게 되므로 초기 비용 부담이 줄어든다. 이 경우 목회자는 교단 소유 부분에 대해 임대료를 지불하지만, 이 임대료는 시장 임대료보다 저렴하게 설정되는 경우가 많아 경제적 부담을 줄이는 데 도움이 된다. 40년 이상 농촌 교구에서 사역한 마이클 데이비스(Michael Davies) 목사가 이 사례에 해당한다. 개인 저축이 많지 않았던 그는 교회 지원 덕분에 저렴한 비용으로 주택을 마련했다. "주택 문제는 은퇴 후 가장 큰 걱정거리였는데, 교회의 지원 덕분에 안정된 거주지에서 삶을 시작할 수 있었습니다."라고 말한다.

셋째, 일부 교단에서는 일정 조건을 충족하는 경우 주택 구매를 위한 보조금을 지원하기도 한다. 보조금 지급은 대개 특정 소득 수준 이하나, 특별한 상황에 있는 목회자에게 제공되는 것으로, 은퇴 후 재정적인 어려움이나 주택 구매가 어려운 경우, 교단에서 무상 혹은 유상으로 일정 금액을 지원하여 목회자가 안정된 주거지에서 살아갈 수 있도록 하는 것이다. 무상 보조금은 목회자가 일정 조건을 충족할 때 교단에 반환할 필요가 없는 보조금을 의미하고, 유상 보조금은 무이자 혹은 매우 낮은 이율로 대출을 지원하는 것으로, 이 경우 목회자는 일정 기간 동안 할부로 갚아나가거나 사망 시 주택을 교단에 반환하게 된다. 어느 은퇴목사는 주택을 구매할 자금을 마련하기 어려운 상황에 처했다. 그는 은퇴 후에도 적은 연금으로 생활하며, 시장 가격에 맞는 집을 구하기 힘들었다. 이에 교회는 그가 주택 구매를 위한 보조금을 신청할 수 있도록 지원하였고, 이를 통해 그는 일부 보조금을 지원받아 주택을 구매할 수 있었다. 이로 인해 그는 주택 문제에 대한 부담을 덜고, 새로운 삶을 시작할 수 있었다.

이러한 지원의 범위와 형태는 교단 및 지역에 따라 다를 수 있지만, 은퇴한 목회자들이 경제적 부담을 줄이고 안정적인 주거 환경을 유지할 수 있도록 돕는다는 공통점이 있다. 따라서 이러한 지원을 통해 은퇴한 목회자들은 거주지에 대한 불안을 덜고, 익숙한 공동체 내에서 안정적인 삶을 이어갈 수 있다.

5. 목회적 및 공동체 지원

은퇴는 정서적으로도 큰 변화를 동반하는 과정이다. 많은 교회에서는 연금이나 주택 지원 외에도 재정 상담 서비스와 은퇴 후 생활 설계를 위한 프로그램을 운영한다. 은퇴자들이 재정 관리는 물론, 은퇴 생활에서의 목표 설정, 여가 활동, 사회적 관계 형성 등을 고민하고 계획하도록 하여 은퇴 후의 삶을 보다 잘 준비할 수 있도록 돕는 것이다. 또한 은퇴한 목회자를 위한 정기적인 교제 모임을 운영하여 이들이 사회적으로 고립되지 않고 영적, 정서적으로 충만한 삶을 살 수 있도록 돕는다. 이 모임은 서로의 신앙을 함께 나누고, 정서적인 지지를 받을 수 있는 공간으로 기능함으로써, 은퇴 후에도 목회자들이 지속적으로 교회와 연결되는 기회를 제공한다.

이에 따라 은퇴 목회자들은 초빙 설교나 예배 인도를 통해 여전히 교회 공동체에 기여하며, 그들의 경험과 지혜를 활용할 수 있다. 신학교 강의나 후배 목회자 멘토링을 맡아 그들의 지식과 경험을 다음 세대에 전달하며, 또한 자선 및 선교 활동에 참여하거나 신학 서적을 집필하고 연구 프로젝트에 기여하는 등 교회 밖에서도 활발히 활동하며 사회적 역할을 이어간다.

67세에 은퇴한 수잔 카터(Susan Carter) 목사는 은퇴 후에도 지역교회에서 청년 목회자 멘토링과 노인 돌봄 사역을 이어가고 있다. 그는 "은퇴 후에도 공동체와 연결되어 있는 것이 삶의 의미를 찾는 데 중요하다"며 교회 내 지속적인 활동의 중요성을 강조했다.

6. 결론

이처럼 영국 교회들은 목회자들이 은퇴 후 안정적인 생활을 영위할 수 있도록 다양한 지원 시스템을 체계적으로 운영하고 있다. 연금제도, 주택 지원 프로그램, 지속적인 사역 기회를 통해 목회자들은 경제적 안정성을 확보하고, 은퇴 후에도 교회와의 유대감을 유지할 수 있다. 은퇴는 목회자 개인에게 큰 변화지만, 영국 교회들은 이러한 변화를 긍정적으로 받아들일 수 있도록 돕는 구조를 갖추고 있다. 최근 생활비 상승으로 인해 일부 목회자들이 재정적 어려움을 겪고 있다는 보도도 있지만, 그럼에도 이러한 지원 시스템은 목회자들이 은퇴 후에도 경험과 지혜를 나누며, 공동체의 일원으로 활동할 수 있는 기반을 마련해 준다. 이는 교회와 사회에도 긍정적인 영향을 미친다.

부록 6
은퇴목사에 대한 교회의 예우 사례

아래에는 두 교회가 은퇴목사를 위해 예우한 구체적인 예를 소개합니다. 연금, 퇴직금, 위로금, 차량, 사택에 대한 부분을 구체적으로 물어서 답한 것입니다.

수도권 교회의 현재 모습을 보여주는 것으로 받아들이면 좋겠습니다. 두 교회의 경우를 모든 교회에 일반화시켜 적용하기는 어려울 것입니다. 지역에 따른 큰 편차를 보일 것인데, 수도권이 아닌 지역의 경우를 살피지 못했습니다. 향후 이 부분은 구체적으로 확인하도록 하겠습니다.

재적교인 300명, 서울에 위치한 교회의 사례

저희 교회는 서울 사대문 안에 위치한 도심 교회입니다. 재적교인은 300명 정도입니다. 담임목사는 본교회에서 22년 동안 시무한 후 은퇴하였습니다.

목사는 자택을 보유하고 있기에 사택을 따로 마련할 부담이 없었습니다. 이에 은퇴 후 생활비를 부족하지 않게 해 드리는 것에 초점을 맞추어 준비했습니다.

목사의 부임 시부터 교단의 목회자 연금을 교회가 전액 부담했습니다. 이에 22년간 납부한 결과 은퇴 후 매년 250만원을 수령할 수 있게 되었습니다.

교회 형편 상 퇴직금을 드리지 못한 것은 매우 아쉽습니다. 대신 위로금 명목으로 2억원을 드렸습니다. 또한 교회가 제공해 드리고 있는 승용차를 계속해서 사용하실 수 있도록 양도해 드렸습니다. 이것이 간단하게나마 저희교회가 담임목사의 은퇴에 대해 예우해 드렸던 부분입니다.

재적 1,000명 교인, 서울 북부 외곽에 위치한 교회의 사례

저희 교회는 서울 북부 외곽에 위치한 교회입니다. 재적교인은 1,000명 정도로 재정상태는 비교적 양호합니다. 담임목사는 본교회 부임 후 29년을 시무한 후 은퇴하였습니다.

목사의 사택 문제는 현재 사용하고 있는 사택은 후임목사의 사택으로 사용하고, 대신 서울 외곽에 사택을 마련했습니다. 명의는 교회 명의로 했고, 사택으로 사용할 수 있게 했습니다. 목사와 사모의 사망 시 교회에 반환하는 것으로 했습니다.

목사 부임 시부터 교단의 목회자 연금에 가입했으며, 교회가 50%, 본인이 50%를 부담했습니다. 은퇴 후 270만원 정도를 수령합니다.

퇴직금으로 3억원, 위로금으로 2억원을 제공했습니다. 퇴직금은 재직 시 교회가 지급하던 월 생활비에 29년 시무 기간을 곱한 금액입니다. 또한 교회가 현재 제공해 드리는 승용차를 계속 사용하실 수 있도록 해 드렸습니다.

부록 7.
은목교회에 대해

은목교회란 무엇인가?

'은목(隱牧)'이란 은퇴(隱退)한 목사(牧師)의 줄임말이다. 은목교회란 '은퇴한 목사와 그들의 부인이 모여 이룬 교회'를 말한다. 은목교회는 1990년대 후반부터 등장했다.

은목교회가 등장한 배경은 은퇴한 목사들이 소속되어 예배드릴 만한 마땅한 교회가 없다는 데서 비롯되었다. 은퇴목사와 그들의 부인도 교인이기에 일정한 개체교회에 소속되어야 하지만, 은퇴 직전까지 섬기던 교회는 새로운 담임목사의 리더십 등을 이유로 출석하기 어렵다. 다른 교회라 하더라도 같은 교단 교회는 후배 목사가 불편할 것을 이유로 출석을 꺼린다. 결국 같은 사정을 가진 은퇴목사와 그들의 부인이 하나의 개체교회를 이룬 것이 은목교회다.

은목교회의 문제점

위와 같은 사정을 모르는 건 아니지만, 그럼에도 은목교회는 바람직한 모습은 아니다. 그 이유는 다음과 같다.

첫째, 교회의 보편성 문제

교회는 보편적이어야 한다. 노인, 장년, 청년, 청소년, 어린이, 아기까지 다양한 세대가 모일 수 있어야 한다. 목사, 장로, 집사, 교인, 초신자 등 다양한 직분과 신앙형편을 가진 사람들이 모일 수 있어야 한다. 다양한 직업의 사람들이 모일 수 있어야 한다. 불가피하게 일정 기간은 그렇지 못하더라도 궁극적으로는 그렇게 할 수 있어야 한다. 청년만을 위한 교회, 노인만을 위한 교회, 목사만을 위한 교회, 장로만을 위한 교회는 교회의 바른 모습이 아니다.

그러나 은목교회는 특정 세대만 있다. 다른 세대가 올 수 있는 여지가 없다. 은목교회는 오직 은퇴목사와 그들의 부인만 있다. 다른 직분자가 생길 수 없다. 은목교회는 목사 외의 다른 직업을 가진 사람들이 없다. 이런 점에서 은목교회는 바람직하지 않다.

둘째, 직분이 존재할 수 없다.

교회는 장로와 집사를 세울 수 있어야 한다. 교인 숫자가 적어서 세우지 못하는 일정한 기간이 있더라도 궁극적으로는 세울 수 있는 형편

이어야 한다.

그러나 은목교회는 장로와 집사를 세울 수 없다. 이런 점에서 은목교회는 바람직하지 않다.

셋째, 리더십 문제

모든 구성원이 은퇴목사 또는 그들의 부인인 경우, 교회의 공적인 리더십을 누구에게 맡길지 문제가 생긴다. 한 사람의 담임목사가 있어야 한다. 그런데 은목교회는 담임목사가 없다. 리더십의 모호성은 의사결정 과정에서 혼란을 야기할 수 있다. 은목교회는 교인인 은퇴목사들이 번갈아가면서 설교하는 형태인데, 이 또한 바람직하지 않다.

넷째, 갈등 가능성

은퇴목사는 오랫동안 지도자의 역할에 익숙하다. 모두가 지도자의 경험을 가졌기 때문에 의견 충돌 가능성이 높고, 의견을 조율하는 과정에서 권위의 갈등이 발생할 수 있다. 결국 공동체의 조화를 깨뜨릴 수 있다.

다섯째, 노회의 허락을 받지 않은 교회

은목교회는 노회로부터 설립 허락을 받지 않은 교회다. 당회장을 파송 받지 않으며, 이로 인해 노회의 치리 바깥에 있다. 이는 성경이 가르치는 교회의 모습이 아니다.

위와 같은 이유로 은목교회에 소속되기를 꺼리는 은퇴목사도 많다.

고민해야 할 주제

은퇴목사가 교인으로서 개체교회에 소속되지 못하는 문제는 앞으로도 심각할 것이다. 이로인해 은퇴목사가 교회에 속하여서 교인으로서 공동의회 회원권과 청구권, 영적 보호를 받을 권리, 개체교회에서의 선거권을 행사하지 못한다. 교인이지만 교인의 권리는 누리지 못하는 것이다.

교회법(고신)은 "은퇴목사의 소속은 은퇴 시의 교회 소속노회에 속하나 이명절차에 따라 목사의 주거지역 노회에 소속할 수 있다."(정치 제43조)라고 해서 노회 소속 문제는 명시하고 있지만, 교인으로서 개체교회 소속에 대한 언급이 없다.

이러한 문제점이 있으므로 총회 차원에서 분명한 논의를 해야 한다.